essentials

essentials liefern aktuelles Wissen in konzentrierter Form. Die Essenz dessen, worauf es als „State-of-the-Art" in der gegenwärtigen Fachdiskussion oder in der Praxis ankommt. *essentials* informieren schnell, unkompliziert und verständlich

- als Einführung in ein aktuelles Thema aus Ihrem Fachgebiet
- als Einstieg in ein für Sie noch unbekanntes Themenfeld
- als Einblick, um zum Thema mitreden zu können

Die Bücher in elektronischer und gedruckter Form bringen das Expertenwissen von Springer-Fachautoren kompakt zur Darstellung. Sie sind besonders für die Nutzung als eBook auf Tablet-PCs, eBook-Readern und Smartphones geeignet. *essentials:* Wissensbausteine aus den Wirtschafts-, Sozial- und Geisteswissenschaften, aus Technik und Naturwissenschaften sowie aus Medizin, Psychologie und Gesundheitsberufen. Von renommierten Autoren aller Springer-Verlagsmarken.

Weitere Bände in der Reihe http://www.springer.com/series/13088

Ariane Kropp

Grundlagen der Nachhaltigen Entwicklung

Handlungsmöglichkeiten und Strategien zur Umsetzung

 Springer Gabler

Ariane Kropp
São Paulo, Brasilien

ISSN 2197-6708   ISSN 2197-6716   (electronic)
essentials
ISBN 978-3-658-23071-5   ISBN 978-3-658-23072-2   (eBook)
https://doi.org/10.1007/978-3-658-23072-2

Die Deutsche Nationalbibliothek verzeichnet diese Publikation in der Deutschen Nationalbibliografie; detaillierte bibliografische Daten sind im Internet über http://dnb.d-nb.de abrufbar.

Springer Gabler ist ein Imprint der eingetragenen Gesellschaft Springer Fachmedien Wiesbaden GmbH und ist ein Teil von Springer Nature
Die Anschrift der Gesellschaft ist: Abraham-Lincoln-Str. 46, 65189 Wiesbaden, Germany

Was Sie in diesem *essential* finden können

- Eine kompakte Erläuterung des Leitbilds einer Nachhaltigen Entwicklung
- Verschiedene aktuelle Ansätze, Strategien und Ideen zu deren Umsetzung
- Gründe, weshalb wir nicht nachhaltig handeln
- Handlungsmöglichkeiten für den Einzelnen, die Gesellschaft, Politik und Wirtschaft
- Mögliche Auswege aus dem Wachstums-Dilemma

Inhaltsverzeichnis

Einleitung: Warum brauchen wir eine Nachhaltige Entwicklung?

1

▶ Die Kapitel 1 bis 5 dieses essentials widmen sich primär den theoretischen Grundlagen Nachhaltiger Entwicklung. Sie fragen nach Relevanz (Kap. 1) und Bedeutung (Kap. 2), geben einen kurzen historischen Überblick (Kap. 3), erläutern Dimensionen und Prinzipien (Kap. 4) sowie den Kern des ethischen Leitbildes, den Gerechtigkeitsgedanken (Kap. 5). Anschließend setzen sich die Kapitel 6 bis 10 mit den Umsetzungsmöglichkeiten Nachhaltiger Entwicklung auseinander. So werden zu Beginn zunächst mögliche Ursachen für nicht nachhaltiges Handeln gesammelt (Kap. 6), bevor die wichtigsten Strategien (Kap. 7) und das Konzept der Bildung für Nachhaltige Entwicklung (Kap. 8) vorgestellt werden. Abschließend werden die Handlungsmöglichkeiten des Einzelnen (Kap. 9) sowie die der Politik, Wirtschaft und Gesellschaft (Kap. 10) näher beleuchtet.

1.1 Inflationäre Verwendung des Begriffs

Nachhaltigkeit ist in aller Munde und weder Vertreter von Politik, Umweltverbänden oder Unternehmen, insbesondere die der Werbebranche scheinen noch ohne die Positiv-Vokabel auszukommen. Egal, ob nachhaltige Finanzierung, nachhaltiger Flugzeugbau oder nachhaltigeres Rauchen, nichts scheint unmöglich. Selbst Bier trinken rettet heute angeblich den Regenwald. Nachhaltigkeit ist endlich in der Mitte der Gesellschaft angekommen. Allerdings führt die inflationäre Verwendung des Begriffs dazu, dass dieser an Schärfe verliert. Er meint dann häufig nichts anderes mehr als langfristig oder dauerhaft und irgendwie gut. Wenn der Begriff an Substanz verloren hat, kann man mit ihm letztlich alles als ‚nachhaltig' ausgeben (vgl. Grober 2013, S. 16).

© Springer Fachmedien Wiesbaden GmbH, ein Teil von Springer Nature 2019
A. Kropp, *Grundlagen der Nachhaltigen Entwicklung*, essentials,
https://doi.org/10.1007/978-3-658-23072-2_1

Wenn von Nachhaltigkeit gesprochen wird, kommt es daher oft zu Miss-verständnissen, da nicht alle dasselbe unter dem Begriff verstehen. Bei Google ergibt „Nachhaltigkeit" knapp acht Millionen Treffer, die englische Übersetzung „Sustainability" erzielt über 65 Mio. (Stand Mai 2018). Die doppelte Bedeutung des Adjektivs „nachhaltig" wird im Duden wie folgt beschrieben: Zum einen bedeutet „nachhaltig" „sich auf längere Zeit stark auswirkend", zum anderen „die Nachhaltigkeit betreffend". In einem 200 Jahre alten deutschen Wörter-buch wird „Nachhalt" dagegen als Gegenbegriff zu Kollaps verwendet, als das „woran man sich hält, wenn alles andere nicht mehr hält". Das trifft den Kern schon eher. Ähnlich verhält es sich bei dem englischen Begriff „sustain", was laut dem Oxford English Dictionary mit „to keep in being" umschrieben wird – was so viel heißt wie „im Dasein halten". Weitere Übersetzungsmöglichkeiten von „sustainable" lauten aufrechtzuerhalten, tragfähig oder zukunftsfähig. Es geht also um die Herausforderung, die Ressourcen für die Zukunft aufrechtzuerhalten, zu bewahren – sie sollen nach-halten (vgl. Grober 2010).

Auch wenn sich durch den inflationären Gebrauch und die begriffliche Unschärfe eine gewisse „Nachhaltigkeits-Verdrossenheit" eingeschlichen haben mag, ist das Thema relevanter denn je.

1.2   Status quo – zur Aktualität des Themas

Heute benötigt die Menschheit in etwa 1,7 Erden, zur Deckung ihres Ressourcen-bedarfs und Absorption ihrer Abfälle. Seit den 1970er Jahren überschreiten wir eine ökologische Grenze, da der jährliche Bedarf an Ressourcen, über das hinausgeht, was die Erde jedes Jahr regenerieren kann. Diese Grenze markiert der sogenannte ‚Earth Overshoot Day', der in Deutschland im Jahr 2017 bereits am 24. April und weltweit am zweiten August erreicht wurde. Immer mehr Län-der überschreiten die natürlichen Grenzen des Planeten und verbrauchen mehr Natur als in ihrem Land vorhanden ist. Abb. 1.1 zeigt, in welchen Ländern der ökologische Fußabdruck die im Land vorhandene Biokapazität übersteigt (rot) und wo es noch ein Plus an Biokapazität gibt (grün). Auch Deutschland lebt weit über seine Verhältnisse und verbraucht Biokapazität anderer Nationen, um den ressourcenintensiven Lebensstil seiner Bürgerinnen und Bürger zu ermög-lichen. Aufgrund mangelnder Ressourcen ist es aber nicht möglich, dieses Wohl-standsmodell auf die ganze Welt zu übertragen. Länder wie Australien oder Kanada haben nicht etwa einen niedrigeren Fußabdruck als Deutschland, wie die Abbildung vermuten lässt – im Gegenteil, sogar einen deutlich höheren – aber aufgrund der größeren Landesfläche und geringeren Bevölkerungsdichte verfügen

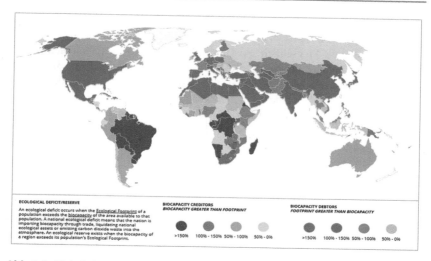

Abb. 1.1 Verhältnis von ökologischem Fußabdruck und vorhandener Biokapazität weltweit. (Quelle: © 2017 Global Footprint Network. National Footprint Accounts, 2017 Edition)

sie über ein hohes Maß an Biokapazität. Der durchschnittliche individuelle deutsche ökologische Fußabdruck liegt bei rund 5 gha (Stand 2014), ein global verträglicher dagegen bei 1,7 gha (vgl. Global Footprint Network 2018).

Der ökologische Fußabdruck (Ecological Footprint)
Die derzeit wohl umfassendste Messgröße für Nachhaltigkeit ist der ökologische Fußabdruck (Ecological Footprint). Dieser zeigt auf, wie viel biologisch produktive Land- und Wasserflächen ein Individuum, eine Bevölkerung oder eine Aktivität benötigt, um alle konsumierten Ressourcen zu produzieren und die anfallenden Abfälle zu absorbieren. Land- und Wasserflächen werden als biologisch produktiv bezeichnet, wenn sie durch erhebliche Fotosyntheseaktivitäten und Produktion von Biomasse für den Menschen nutzbar sind. Der ökologische Fußabdruck wird in globalen Hektar angegeben, global vergleichbare, standardisierte Hektar mit weltweit durchschnittlicher biologischer Produktivität. Umfangreiche Informationen sowie einen Online-Rechner zur Bestimmung des persönlichen Fußabdrucks findet sich auf der Internetseite des Global Footprint Network (https://www.footprintnetwork.org/).

Wir sehen uns zurzeit mit zahlreichen globalen Herausforderungen ökologischer, sozialer und ökonomischer Natur konfrontiert, die nicht an Ländergrenzen halt machen, somit die Menschheit als Ganzes betreffen und sich nur gemeinsam lösen lassen. **Ökologische Problemfelder** sind bspw. der Verlust von Biodiversität, die Verschmutzung der Ozeane, der Verlust und die Gefährdung der Böden, die Abholzung von Urwäldern, die Verknappung von Ressourcen und natürlich der Klimawandel. Zu den **sozialen Problemfeldern** zählt vor allem die Sicherung der Welternährung bzw. die Bekämpfung von Hunger und Armut, daran anknüpfend die Begrenztheit von landwirtschaftlicher Nutzfläche und die langfristige Verfügbarkeit von sauberem Trinkwasser. Daneben stellen der demografische Wandel und die Flüchtlingsbewegung weitere große soziale Herausforderungen dar. **Wirtschaftliche Problemfelder** ergeben sich teilweise aus den anderen beiden, teilweise wird im Rahmen der Nachhaltigkeitsdiskussion die vorherrschende Art zu Wirtschaften generell infrage gestellt und als problematisch betrachtet (vgl. dazu Kap. 6). Daneben stellen auch die knapper werdenden Ressourcen ein relevantes Problem für die Wirtschaft dar.

Allerdings lassen sich keine scharfen Grenzen zwischen ökologischen, sozialen oder wirtschaftlichen Problemfeldern ziehen, da sich einzelne Probleme, wie der Klimawandel meist auf alle drei Dimensionen auswirken. So stellt z. B. die Verschmutzung der Ozeane durch Plastik zum einen ein großes ökologisches Problem dar, da viele Tiere die kleinen Plastikteilchen mit Plankton verwechseln und verenden oder sich in größeren Teilen verheddern und so sterben. Zum anderen ergeben sich ökonomische Probleme, da viele Millionen Menschen von der Fischerei abhängig sind und ohnehin schon mit den überfischten Meeren zu kämpfen haben. Verlieren die Fischer ihre Arbeit ergeben sich wiederum soziale Probleme, wie die Gefährdung durch Armut.

Das Leitbild einer Nachhaltigen Entwicklung kann eine Orientierungshilfe sein, um diese Weltprobleme in den Griff zu bekommen. Albert Einstein stellte fest, dass sich die Probleme, die es in der Welt gibt, nicht mit der gleichen Denkweise lösen lassen, die sie erzeugt hat. Für die Umsetzung Nachhaltiger Entwicklung bedarf es folglich einer neuen Denkweise. Zu einer solchen möchte dieses *essential* neben der Skizzierung wesentlicher Grundlagen und Strategien Nachhaltiger Entwicklung ermutigen.

Was bedeutet Nachhaltige Entwicklung?

Nachhaltige Entwicklung beschreibt heute einen Weg, um die Welt im Gleichgewicht zu halten. Es geht darum nicht auf Kosten der Menschen in anderen Regionen der Erde und auf Kosten zukünftiger Generationen zu leben. Die drei Dimensionen der Nachhaltigkeit Umwelt, Gesellschaft und Wirtschaft müssen in Balance gebracht werden. Es soll sich innerhalb der ökologischen Grenzen entwickelt und gewirtschaftet werden, dass ein gutes Leben für heutige und zukünftige Generationen weltweit ermöglicht wird. Eine boomende Wirtschaft ist ohne intakte Umwelt nicht viel Nütze. Genauso wenig lassen sich eine intakte Umwelt und gerechte Gesellschaft realisieren, wenn die Menschen um ihre wirtschaftliche Existenz fürchten müssen.

Im Jahr 1983 setzte sich die von den Vereinten Nationen ins Leben gerufene Sachverständigenkommission an einen Tisch, um Handlungsempfehlungen zur Erreichung einer dauerhaften Entwicklung zu erarbeiten. Unter der Leitung der früheren norwegischen Umweltministerin und Ministerpräsidentin Gro Harlem Brundtland, stellte diese vier Jahre später (1987) ihr viel zitiertes Ergebnis der Öffentlichkeit vor: „Unsere gemeinsame Zukunft" („Our Common Future"), auch bekannt als der „Brundtland-Bericht".

> Demnach ist eine nachhaltige Entwicklung eine „Entwicklung, die die Bedürfnisse der Gegenwart befriedigt, ohne zu riskieren, daß künftige Generationen ihre eigenen Bedürfnisse nicht befriedigen können" (Hauff 1987, S. 46).

© Springer Fachmedien Wiesbaden GmbH, ein Teil von Springer Nature 2019
A. Kropp, *Grundlagen der Nachhaltigen Entwicklung*, essentials,
https://doi.org/10.1007/978-3-658-23072-2_2

Diese Definition bietet zwar breite Interpretationsspielräume, kann aber als der kleinste gemeinsame Nenner verstanden werden, wenn über die Bedeutung des Leitbildes einer Nachhaltigen Entwicklung gesprochen wird. Die Schwierigkeit besteht neben der Bewahrung des Entwicklungspotenzials für zukünftige Generationen vor allem auch in der Identifikation von essenziellen Bedürfnissen.

Das Leitbild Nachhaltiger Entwicklung ist folglich ein normatives (auf Werten basierendes), dem es in erster Linie um Gerechtigkeit zwischen den heute und den in Zukunft lebenden Menschen geht (vgl. Kap. 5). Es reagiert einerseits auf bestehende globale Probleme und ist andererseits eine Aufforderung zur Mitgestaltung der Zukunft.

Die beiden Begriffe „Nachhaltige Entwicklung" und „Nachhaltigkeit" werden oft synonym verwendet, dabei beschreibt ersterer einen Prozess gesellschaftlicher Veränderung, während „Nachhaltigkeit" das angestrebte Ziel, einen Zustand, das Ende des Prozesses beschreibt.

Doch Nachhaltigkeit ist kein neues Konzept. Das folgende Kapitel beschreibt in einem kurzen historischen Abriss, wo der Begriff seine Wurzeln hat und welche Meilensteine bereits erreicht worden sind.

Ein Begriff mit Geschichte

Wenn man verstehen will, welche Bedeutung ein Begriff hat, ist es sinnvoll, sich seine Entstehungsgeschichte anzusehen. In welchen Kontexten wurde er verwendet und aus welcher Motivation heraus wurde über ihn nachgedacht? Sehr eindrücklich hat dies Ulrich Grober in „Die Entdeckung der Nachhaltigkeit" dargestellt.

3.1 Ursprung in der Forstwirtschaft?

Die erste wissenschaftliche Publikation, in der „Nachhaltigkeit" auftaucht, ist die Schrift „Sylvicultura oeconomica" des Oberberghauptmanns Hans Carl von Carlowitz aus dem Jahre 1713. Carlowitz hatte den Auftrag eine dauerhafte Nutzung des Waldes für den Bergbau im Erzgebirge sicherzustellen und empfahl daher nur so viel Holz zu schlagen, wie nachwachsen kann. Dies nannte er eine „nachhaltende" Nutzung des Waldes. Hans Carl von Carlowitz und der Forstwirtschaft wird somit im Allgemeinen die Begründung des Begriffs der Nachhaltigkeit zugeschrieben, was allerdings nicht auf allgemeine Zustimmung stößt (vgl. Lexikon der Nachhaltigkeit 2015a). Nicht vergessen werden sollte auch, dass die nachhaltige Holznutzung vorrangig von so großem Interesse war, um so die nicht erneuerbaren Erze abbauen zu können. Im Laufe der Zeit entwickelten sich Begriff und Konzept von ‚nachhaltend' zu ‚nachhaltig' weiter.

3.2 Beginn der Umweltbewegung

Ende der 60er, Anfang der 70er Jahre wurde langsam erkannt, dass der technische Fortschritt und wirtschaftliche Wohlstand unerwünschte Folgen hinterlassen hatte.

© Springer Fachmedien Wiesbaden GmbH, ein Teil von Springer Nature 2019
A. Kropp, *Grundlagen der Nachhaltigen Entwicklung,* essentials,
https://doi.org/10.1007/978-3-658-23072-2_3

Einen Beitrag dazu leistete bspw. 1962 Rachel Carlson mit ihrem Buch „Silent Spring" (Der stumme Frühling), das die negativen Auswirkungen des Pestizids DDT auf das Leben im Boden, im Wasser und in der Luft thematisiert. 1968 ging ein Foto um die Welt: „Earthrise", eine Aufnahme der NASA, welches die Menschheit den Planeten zum ersten Mal von außen sehen lässt. Dieses Foto bewegte die Menschen und ließ das Bewusstsein wachsen, dass wir unseren Planeten besser schützen müssen (vgl. Grober 2013, S. 23 f.).

1972 erschien ein weiteres Buch, das die Debatte deutlich voran gebracht hat: Die von dem Club of Rome in Auftrag gegebene Studie „The Limits of Growth" („Die Grenzen des Wachstums"), einen Bericht zur Zukunft der Weltwirtschaft. Die zentralen Schlussfolgerungen des Berichtes waren: „Wenn die gegenwärtige Zunahme der Weltbevölkerung, der Industrialisierung, der Umweltverschmutzung, der Nahrungsmittelproduktion und der Ausbeutung von natürlichen Rohstoffen unverändert anhält, werden die absoluten Wachstumsgrenzen auf der Erde im Laufe der nächsten hundert Jahre erreicht" (Meadows et al. 1972, S. 17). Auch wenn sich die meisten Aussagen nicht bewahrheitet haben, so wurde doch intensiver über das Thema gesprochen und die Debatte nahm Fahrt auf. 1992 folgte eine weitere Studie und 2006 das 30-jährige ‚Update'.

3.3   Die Umweltbewegung erhält Einzug in die Politik

Im Jahre 1972 fand außerdem die erste große Weltumweltkonferenz der Vereinten Nationen in Stockholm statt. Erstmals bekennen sich mehr als 1200 Vertreter aus 112 Staaten zu einer grenzüberschreitenden Zusammenarbeit im Umweltschutz und verabschieden einen Aktionsplan mit 109 Handlungsempfehlungen (vgl. Lexikon der Nachhaltigkeit 2015b).

Elf Jahre später begann die Brundtland-Kommission der Vereinten Nationen ihre Arbeit und veröffentlichte 1987 den sogenannten „Brundtland-Bericht": „Unsere gemeinsame Zukunft", welcher die weit verbreitete ‚Definition' nachhaltiger Entwicklung enthält.

Der nächste große Meilenstein fällt auf das Jahr 1992, in dem die UN Konferenz über Umwelt und Entwicklung, umgangssprachlich auch „Rio-Konferenz" oder „Rio 92" genannt, in Rio de Janeiro stattfand. Basierend auf dem Brundlandt-Bericht einigten sich 178 Staaten auf ein gemeinsames Leitbild der Menschheit für das 21. Jahrhundert – die nachhaltige Entwicklung. Auf diesem Gipfeltreffen herrschte eine außergewöhnliche Verhandlungsatmosphäre und es wurden sechs relevante Dokumente unterzeichnet – unter anderem die Agenda 21, ein Aktionsprogramm mit konkreten Handlungsempfehlungen. Basierend auf dieser haben sich vielerorts ehrenamtliche Lokale Agenda 21 – Gruppen gebildet, die an der Umsetzung arbeiten (vgl. Lexikon der Nachhaltigkeit 2015c).

Die Konventionen sollten später durch ergänzende Protokolle konkretisiert werden. Kritisiert wurde jedoch, dass keines der Dokumente überprüfbare Verpflichtungen für die Vertragsstaaten enthalte.

Auf den Weltgipfel in Rio folgten mehrere Folgekonferenzen, die „Rio +" Konferenzen, die neben den bisher genannten Meilensteinen in Tab. 3.1 aufgeführt sind. Im Großen und Ganzen wurde auf den Folgekonferenzen festgestellt, dass die gesetzten Ziele nicht oder nur zum Teil erreicht worden sind, man aber definitiv an diesen Zielen festhalten wolle.

Zur Jahrtausendwende formulierten die Vereinten Nationen acht Entwicklungsziele, die sogenannten Millenniumsziele (Millennium Development Goals, MDGs) für das Jahr 2015. Unter anderem sollte z. B. bis dahin die Armut halbiert werden, verglichen mit 1990. Trotz einiger Fortschritte wurden die Ziele 2015 nicht erreicht.

Am 25.09.2015 wurde dann die 2030-Agenda beim UN-Nachhaltigkeitsgipfel in New York nach zweijähriger Vorarbeit verabschiedet. Sie beinhaltet 17 Ziele (Sustainable Development Goals, vgl. Abb. 3.1) und 169 Unterziele und soll ein für alle Länder geltendes globales und universell anwendbares Zielsystem für Entwicklungs- und Nachhaltigkeitsaspekte bilden. Die 2030-Agenda ist ein Zusammenschluss des 92 begründeten Rio-Prozesses und der Millenniumsentwicklungsziele aus dem Jahr 2000. So sollen bspw. Hunger und Armut bis 2030 verschwunden sein (vgl. United Nations 2016).

Abb. 3.1 Die 17 Sustainable Development Goals der Vereinten Nationen (deutsche Übersetzung)

3.4   Übersicht der Meilensteine Nachhaltiger Entwicklung

Tab. 3.1   Meilensteine Nachhaltiger Entwicklung

Jahr	Meilenstein/Ereignis
1713	Hans Carl von Carlowitz verfasst erste wissenschaftliche Abhandlung zur „nachhaltenden" Forstwirtschaft: nicht mehr Holz schlagen, als nachwächst
1972	Erste große UN-Umweltkonferenz mit Gründung eines Umweltprogramms (UNEP)
1973	Der Club of Rome verkündet „Die Grenzen des Wachstums"
1987	Brundtland-Bericht: „Unsere gemeinsame Zukunft"
1992	UN-Konferenz für Umwelt und Entwicklung in Rio de Janeiro: Ergebnis war u. a. die Agenda 21, ein entwicklungs- und umweltpolitisches Aktionsprogramm
1997	Verabschiedung des Kyoto-Protokolls (Mengenziele für die Emission von Treibhausgasen von IL), welches erst 2005 in Kraft trat – ohne USA und China
2000	UN erklären acht Millenniumsziele (MDGs), wie die Bekämpfung von Hunger und Armut, die bis 2015 erreicht werden sollen
2002	10 Jahre nach Rio: Weltgipfel für nachhaltige Entwicklung in Johannesburg: Große Probleme weiterhin ungelöst; Verabschiedung eines Aktionsprogramms
2012	20 Jahre nach Rio: UN-Konferenz über nachhaltige Entwicklung (UNCSD): Green Economy und unverbindliche Bestätigung alter Ziele
2005–2014	Die UN rufen die Weltdekade „Bildung für nachhaltige Entwicklung" (BNE) aus. Ziel: Leitbild der Nachhaltigen Entwicklung in allen Bildungsbereichen zu verankern
2015	• UN-Weltaktionsprogramm startet (Nachfolger der BNE-Dekade) • Ablösung der nicht oder nur teilweise erreichten Millenniumsziele durch 17 Sustainable Development Goals (SDGs), die bis 2030 verwirklicht werden sollen • UN-Klimakonferenz in Paris: Viel gefeiertes „Übereinkommen von Paris", der Beschluss eines ersten globalen Klimaschutzabkommens, um die globale Erwärmung auf deutlich weniger als 2 °C zu begrenzen. Dazu soll die Welt in der zweiten Hälfte des Jahrhunderts treibhausgasneutral sein

Die Dimensionen der Nachhaltigkeit

4

Ziel Nachhaltiger Entwicklung ist es, Umwelt, Gesellschaft und Wirtschaft in Balance zu bringen. Alle drei Dimensionen stehen dabei gleichberechtigt nebeneinander. Was die Gewichtung der Dimensionen angeht, existieren unterschiedliche Meinungen (vgl. Grunwald und Kopfmüller 2012, S. 54). Zudem kommt es häufig zu Zielkonflikten, das heißt zwei Ziele lassen sich nur schlecht miteinander vereinbaren oder schließen sich sogar gegenseitig aus. In solchen Fällen gilt es abzuwägen oder Prioritäten zu setzen.

Ökologische Nachhaltigkeit Die ökologische Nachhaltigkeit verlangt nach einer maßvollen Nutzung unserer natürlichen Lebensgrundlagen, sodass diese dauerhaft fortbestehen können. Ökonomisch ausgedrückt, soll von den Zinsen und nicht dem Naturkapital selbst gelebt werden. Themen wie Umweltschutz, Ressourcenschonung, und Erhaltung der Artenvielfalt stehen hier im Fokus.

Soziale Nachhaltigkeit Im Zentrum der sozialen Nachhaltigkeit steht die Frage nach dem guten Leben. Wie können weltweiter Wohlstand und Frieden erreicht werden – heute, aber auch in Zukunft? Hier geht es um Themen wie Armutsbekämpfung oder den demografischen Wandel. Der World Happiness Index (HPI) versucht bspw. das subjektive Wohlbefinden verschiedener Nationen zu erfassen. Neben der ökonomischen Situation werden auch ‚softe‘ Faktoren wie soziale Unterstützung, und die Freiheit, eigene Entscheidungen zu treffen, erfasst.

Ökonomische Nachhaltigkeit Die ökonomische Nachhaltigkeit benötigt Wirtschaftssysteme, die innerhalb der ökologischen Grenzen langfristig bestehen können. Ein System, welches zu permanentem unbegrenztem Wachstum gezwungen

© Springer Fachmedien Wiesbaden GmbH, ein Teil von Springer Nature 2019
A. Kropp, *Grundlagen der Nachhaltigen Entwicklung,* essentials,
https://doi.org/10.1007/978-3-658-23072-2_4

ist, kann in einer endlichen Welt nicht von Dauer sein. Eine nachhaltige Wirt-
schaftsweise beutet keine Ressourcen aus, häuft keine Schulden an und hinter-
lässt nachfolgenden Generationen allgemein keine irreparablen Schäden (Ansätze
dazu vgl. Abschn. 10.4).

Es gibt verschiedene Modelle, die versuchen, dieses Ziel zu veranschaulichen.
Iris Pufé (2012) hat drei gängige Modelle miteinander verglichen (Abb. 4.1).

Das weit verbreitete Drei-Säulen-Modell lässt die drei Dimensionen in Form
von Säulen das Dach der Nachhaltigkeit tragen. An diesem Modell wird kritisiert, dass bereits zwei Säulen genügen, um das Dach zu tragen und dieses nicht
zusammenbrechen würde, sollte eine Säule wegfallen.

Das Schnittmengen-, oder Dreiklang-Modell sieht die drei Dimensionen als
einander überlappende Bereiche, deren gemeinsame Schnittmenge die Nachhaltigkeit ist.

Durchgesetzt hat sich das Nachhaltigkeits-Dreieck. Ein gleichseitiges Dreieck,
das alle drei Dimensionen zu einem Ganzen verbindet.

Das Drei-Dimensionen-Modell zur Veranschaulichung von Nachhaltigkeit
wird aber auch kritisiert, vor allem, wenn Nachhaltige Entwicklung auf die Aus-
balancierung dieser Dimensionen beschränkt wird. Denn das Kernthema Nachhaltiger Entwicklung ist die Gerechtigkeit (vgl. Ekardt 2010, S. 27 ff.).

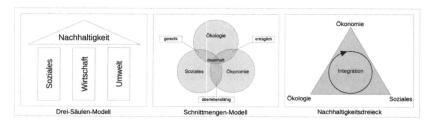

Abb. 4.1 Nachhaltigkeitsmodelle im Vergleich. (Eigene Darstellung nach Pufé 2012)

Gerechtigkeit als Grundlage und Ziel

Nachhaltige Entwicklung ist ein normatives Leitbild, das bedeutet, es basiert auf Werten – vor allen Dingen auf dem Wert der Gerechtigkeit. Aber was genau bedeutet Gerechtigkeit?

5.1 Was bedeutet Gerechtigkeit?

Ein Ideal, das sich gar nicht so leicht definieren lässt. Gerechtigkeit wird meistens dann verlangt, wenn gewisse Güter knapp sind und konkurrierende Ansprüche um diese Güter entstehen. Voraussetzung für die Anwendung von Gerechtigkeit sind also Interessengegensätze (vgl. Gosepath 2008, S. 395). Meistens empfinden wir es als ungerecht, wenn wir ungleich behandelt werden. Besteht Gerechtigkeit also in der Gleichbehandlung? Seit mehr als 2000 Jahren denken die Menschen schon darüber nach, was Gerechtigkeit ist. Heute ist mit dem Begriff vor allem soziale Gerechtigkeit gemeint. Insbesondere die Frage nach einer gerechten Verteilung von Rechten und Gütern steht hier im Zentrum. Eine blinde Gleichverteilung muss jedoch nicht automatisch gerecht sein. Vielmehr spielen Kriterien wie individuelle Leistungsfähigkeit, Bedürftigkeit und auch die Ermöglichung der Teilhabe am gesellschaftlichen Leben eine wichtige Rolle in der sozialen Gerechtigkeit (vgl. Veith 2004, S. 320).

Exkurs: Geburtstagsparty

Ein Kindergeburtstag mit vielen Gästen und einer großen Geburtstagstorte, die gerecht aufgeteilt werden soll: In wie viele Stücke sollte die Torte geschnitten werden? Sicherlich sind sich alle schnell einig, dass es gerecht wäre, wenn jeder Gast ein gleich großes Stück bekäme (Gleichverteilung). Aber was ist

© Springer Fachmedien Wiesbaden GmbH, ein Teil von Springer Nature 2019
A. Kropp, *Grundlagen der Nachhaltigen Entwicklung,* essentials,
https://doi.org/10.1007/978-3-658-23072-2_5

mit dem Tortenbäcker? Sollte der vielleicht ein größeres Stück bekommen, schließlich hat er die Torte gebacken (Leistung)? Oder vielleicht der Gast, der den größten Hunger hat (Bedürftigkeit)? Sollte ein übergewichtiger Gast gar ein kleineres Stück erhalten? Was ist mit Gästen, die allergisch auf Zutaten der Torte sind…

Insbesondere John Rawls hat sich mit seiner Gerechtigkeitstheorie (A Theory of Justice 1971) um einen Ansatz zur Umsetzung bemüht. Rawls zufolge sind gesellschaftliche Gerechtigkeitsgrundsätze dann gerecht, wenn sie in einem Urzustand der Gleichheit getroffen werden. Einen solchen Urzustand können wir zwar nicht erreichen, aber in Form eines Gedankenexperiments versuchen, ihn uns vorzustellen. Gleichheit heißt nicht, dass wir alle gleich sind, sondern dass wir alle gleich viel wert sind. Es geht nicht um Gleichmacherei oder materielle Gleichheit, sondern um Chancengleichheit. Rawls führt in diesen Gleichheitszustand mit dem „Schleier des Nichtwissens", einem umfassenden Informationsdefizit. Mithilfe dieser Perspektive wissen die Beteiligten nicht, „wie sich die verschiedenen Möglichkeiten auf ihre Interessen auswirken würden, und müssen Grundsätze allein unter allgemeinen Gesichtspunkten beurteilen" (Rawls 1975, S. 159). Sie wissen nicht, welchen Platz sie in der Gesellschaft haben, wie intelligent und gesund sie sind, in welchem Land sie leben und auch nicht welcher Generation sie angehören. Es kann also niemand Grundsätze zu seinem persönlichen Vorteil bestimmen. In einem solchen Zustand würde man sich nach Rawls auf zwei Dinge einigen:

- ein größtmögliches Maß von gleichen Grundfreiheiten für alle
- Ungleichheit ist nur dann gerecht, wenn sie zugunsten des Schlechtgestellten ist (vgl. Rawls 1975).

5.2   Intragenerationelle oder globale Gerechtigkeit

Intragenerationelle oder globale Gerechtigkeit bedeutet **Gerechtigkeit zwischen den heute lebenden Menschen und zwar weltweit.** Alle Menschen dieser Erde sollen ihre Bedürfnisse befriedigen und ein Leben in Würde führen können. Wie das im Einzelfall aussieht, darüber wird gestritten. In der Frage nach einer globalen Gerechtigkeitsperspektive wird diskutiert, ob Gerechtigkeitsprinzipien auf den Nationalstaat beschränkt oder global gültig sind (vgl. Broszies und Hahn 2013). Martha Nussbaum wendet ein, „dass wir das Problem globaler Gerechtigkeit […] nur dann lösen, wenn wir das, was alle Menschen benötigen, um ein erfülltes Leben zu führen, zum Ausgangspunkt nehmen" (Nussbaum 2013, S. 211). Nussbaum beschreibt hierzu aufbauend auf ihrem Fähigkeitenansatz „zehn Prinzipien für eine globale Struktur" und eine „achtbare Welt" (vgl. Nussbaum 2013, S. 236–241).

Insbesondere stellt sich für die Realisierung globaler Gerechtigkeit die Frage nach möglichen Institutionen, die in der Lage wären, globale Gerechtigkeit einzufordern und zu ‚überwachen'. Es ist fraglich, ob globale Gerechtigkeit ohne eine Art von ‚Weltregierung' überhaupt möglich ist. Wir tragen jedoch eine grundsätzliche politische Verantwortung, da wir in Ungerechtigkeit produzierende Praktiken verstrickt sind und die Macht besitzen, diese fairer zu gestalten (vgl. Hahn 2014, S. 203).

Über eine Ethik der Verantwortung hat sich Hans Jonas bereits in den 80er Jahren Gedanken gemacht und die Empfehlung gegeben, bei der Beurteilung eines neuen Vorhabens oder einer Innovation den potenziellen ‚worst case' stärker zu berücksichtigen, als den vermeintlichen Nutzen (vgl. Jonas 1984).

5.3 Intergenerationelle Gerechtigkeit

Intergenerationelle Gerechtigkeit oder auch Generationengerechtigkeit, bedeutet **Gerechtigkeit zwischen den heutigen und zukünftigen Generationen.** Sie ist dann erreicht, „wenn die Chancen zukünftiger Generationen auf Befriedigung ihrer eigenen Bedürfnisse mindestens so groß sind wie die der heutigen Generation" (Tremmel 2003, S. 34). Diese Definition von Tremmel verdeutlicht auch noch mal den Kern der Brundtland-Definition von Nachhaltiger Entwicklung: intergenerationelle Gerechtigkeit.

Ziel intergenerationeller Gerechtigkeit ist es, den zukünftig Lebenden „in den gegenwärtigen Konflikten eine gewisse Präsenz zu sichern" (Veith 2004, S. 325), damit diese sich in Zukunft auch frei entwickeln können. Es geht um die Erfüllung moralischer Pflichten auch über Generationengrenzen hinweg. Allgemein liegt ein Problem intergenerationeller Gerechtigkeit also vor, wenn zukünftigen Generationen die Fähigkeit entzogen wird, ihre Bedürfnisse zu befriedigen. Beispiele sind der Klimawandel, die Staatsverschuldung und die Rentenfinanzierung.

5.4   Gleichverteilung hat Grenzen

Insbesondere in Bezug auf den Umgang mit knapper werdenden Ressourcen oder dem Klimawandel spielt Gerechtigkeit eine zentrale Rolle. Wer darf wie viel verbrauchen und Treibhausgase emittieren? Bei Problemen globaler oder intergenerationeller Gerechtigkeit stößt man mit dem Gerechtigkeitsprinzip der Gleichverteilung schnell an Grenzen. Intergenerationelle Gleichverteilung funktioniert nicht, weil die Zahl der Unbekannten in der Gleichung zu groß ist, wie z. B. die Anzahl der zukünftigen Menschen, unter welchen die Ressourcen geteilt würden, oder die vorhandene Ressourcenmenge. Bereits auf globaler Ebene wird sich aufgrund kultureller Unterschiede kaum auf ein für alle geltendes Maß geeinigt werden und eine Ausweitung des westlichen Lebensstils auf die restliche Weltbevölkerung ist aufgrund mangelnder Ressourcen nicht möglich.

Die Gleichverteilung funktioniert heute also nicht mehr als Gerechtigkeitsprinzip in Bezug auf Fragen der Nachhaltigkeit. Eine Alternative wird dringend benötigt, ist aber bisher noch nicht in Sicht (vgl. Vogt 2009, S. 376).

Warum wir nicht nachhaltig Handeln

Wir handeln nicht so nachhaltig, wie es nötig wäre, um unsere natürlichen Lebensgrundlagen zu erhalten. Ressourcen werden ausgebeutet, Gewässer, Böden und Luft mit Schadstoffen belastet, klimaschädigende Gase in die Atmosphäre geblasen, Regenwälder vernichtet, Arten unwiederbringlich ausgerottet und die Schere zwischen arm und reich wird immer weiter. Immer mehr Menschen sterben inzwischen sogar an den Folgen der Umweltverschmutzung oder sind wegen des Klimawandels auf der Flucht.

Wenn über Umsetzungsmöglichkeiten Nachhaltiger Entwicklung nachgedacht wird, ist es sinnvoll, zunächst zu fragen aus welchen Gründen denn unzureichend nachhaltig gehandelt wird.

Niemand hat den Wunsch, mit seinem Handeln die Umwelt zu zerstören. Das machen wir praktisch ganz nebenbei, während wir andere Ziele verfolgen.

6.1 Individuelle Gründe

Unser tägliches Handeln wird von zahlreichen Faktoren beeinflusst, wie z. B.: kulturelle, soziale und persönliche Normen; Emotionen, insbes. Ängste (ausgeschlossen zu werden, etwas zu versäumen); Erwartungen anderer; Anerkennungsstrukturen; Bildung; …

Wesentliche Gründe, weshalb Personen nicht nachhaltig handeln sind z. B. fehlendes Wissen, fehlende Verantwortungsbereitschaft und die hohen Kosten, die nachhaltiges Handeln oft verursacht.

© Springer Fachmedien Wiesbaden GmbH, ein Teil von Springer Nature 2019
A. Kropp, *Grundlagen der Nachhaltigen Entwicklung,* essentials,
https://doi.org/10.1007/978-3-658-23072-2_6

Fehlendes Wissen Eine erste wichtige Voraussetzung für nachhaltiges Handeln ist ein Wissen über die Umweltproblematik und die globalen Zusammenhänge, welches vermittelt werden muss und sehr komplex ist. Aus diesem Grund wurde vor allem in den 70er Jahren sehr stark auf Umweltbildung gesetzt, da man davon ausging, dass sich mit dem vorhandenen Wissen auch ein entsprechendes Handeln einstellen würde. Erstaunlicherweise wird häufig aber trotz vorhandenem Wissen nicht umweltgerecht gehandelt.

Viele Menschen wissen, dass ihr T-Shirt für drei Euro zu menschenunwürdigen Bedingungen produziert worden ist, ihr Steak aus Massentierhaltung stammt und für den Kakao in ihrem Schokoriegel Kindersklaven schuften mussten. Gekauft werden die Produkte trotzdem. Genauso wie es normal geworden ist, jährlich sein Smartphone zu erneuern und für ein verlängertes Wochenende mit dem Billigflieger irgendeine Metropole anzusteuern. Alles nicht nachhaltig, aber der Wunsch „nachhaltig zu handeln" ist eben nur einer von vielen weiteren und hat bislang nur bei wenigen Personen hohe Priorität.

Entstehende Kosten Nachhaltiges Handeln verursacht Kosten und zwar nicht nur monetärer Art. Häufig erfordert die nachhaltigere Alternative mehr Zeit, oder ist mit Komforteinbußen verbunden, wie das Reparieren von Gegenständen oder die Nutzung des öffentlichen Nahverkehrs. Auch das Ändern von nicht nachhaltigen Gewohnheiten kann sehr anstrengend sein, wie bspw. kürzere Distanzen zu Fuß oder mit dem Rad anstatt mit dem Auto zurück zu legen. Teurere (vermeintlich) nachhaltige Produkte wie z. B. Elektro-Autos oder die Angebote in Reformhäusern sind oft vor allem für Besserverdiener erschwinglich. Das gute Gefühl, das dabei mit im Einkaufswagen landet, lenkt allerdings leicht vom eigentlichen Problem ab (vgl. dazu Abschn. 9.3 Nachhaltiger Konsum). Überraschenderweise „weisen ausgerechnet die Lebensstilgemeinschaften, auch soziale Milieus genannt, mit der besten Bildung und Einkommenslage und dem höchsten Umweltbewusstsein gleichzeitig den höchsten Ressourcenverbrauch auf." (Wuppertal Institut 2008, S. 152). Diese können sich aufgrund ihrer materiellen Lage mehr Produkte und Dienstleistungen leisten, was den positiven Effekt ihrer umweltbewussten Kaufentscheidungen wieder aufhebt und so im Endeffekt weniger wohlhabende und ausgebildete Menschen meist umweltfreundlicher leben – wenn auch nicht bewusst – da sie sich einen ressourcenintensiven Lebensstil nicht leisten können (ebd.).

▶   Nachhaltigkeit ist kein „Luxusgut", das man sich leistet, sondern kann
      sogar helfen, Geld zu sparen.

Fehlende Verantwortungsbereitschaft Die Bereitschaft, überhaupt Verantwortung für das eigene Handeln zu übernehmen ist eine Grundvoraussetzung für nachhaltigeres Handeln. Eine große Schwierigkeit besteht darin, dass sich Verantwortungssubjekt und -objekt praktisch nicht mehr gegenüber stehen, sondern räumlich weit voneinander entfernt sind. Die Hauptverursacher des Klimawandels, die Menschen in den Industrienationen, treffen kaum auf die von den Folgen am stärksten betroffenen Menschen in den Schwellen- und Entwicklungsländern. Es besteht folglich keine Möglichkeit einer sozialen Kontrolle mehr, einer Einforderung von Verantwortung, was ein am Eigeninteresse orientiertes Handeln begünstigt, da mit keinerlei Sanktionen (wie sozialer Ausgrenzung) zu rechnen ist.

Die Erweiterung der Handlungsmöglichkeiten und die zunehmende Komplexität der Handlungszusammenhänge führen zu nicht gewollten Handlungsfolgen (z. B. Klimawandel, Artensterben und atomarer Abfall), die eine mögliche Übernahme von Verantwortung jedoch bei weitem übersteigen. Zahlreiche wissenschaftliche Institute, die regelmäßig aktuelle Daten liefern und Instrumente wie der ökologische Fußabdruck können dabei helfen, diese ungewollten Konsequenzen besser abzuschätzen.

6.2 Gesellschaftliche Gründe

Umwelt hat keine starke Lobby Unsere Umwelt hat weder eine starke Lobby noch sie vertretende Anwälte und die, die von den Auswirkungen am stärksten betroffen sein werden – die zukünftigen Generationen – haben noch keine Stimme, weil sie noch nicht geboren sind. Einige NGOs (Non-governmental organizations/Nichtregierungsorganisationen) wie z. B. Greenpeace versuchen als Anwälte der Umwelt einzutreten, Druck auf die Politik auszuüben und Umweltskandale aufzudecken. Ihr Einfluss ist aber bei weitem nicht so groß, wie der den die Lobbyverbände der Wirtschaft auf die Politik haben. Daneben konnten die Menschen, die in den Ländern des Südens in bitterster Armut leben, und nun zusätzlich noch mit den ersten Folgen des Klimawandels zu kämpfen haben, bisher auf die im Überfluss lebenden Industrienationen kaum Druck ausüben. Die zahlreichen Flüchtlinge, die seit 2015 auch in Europa Schutz suchen, rücken die Probleme der Menschen des Südens jedoch wieder mehr ins Zentrum, wenn nun über die „Bekämpfung von Fluchtursachen" beraten wird.

Die Tragik der Allmende Die Ausbeutung unserer natürlichen Lebensgrundlagen erinnert an Hardins Beschreibung der Tragik der Allmende (vgl. Hardin 1968, S. 1243 f.), wonach die freie Nutzung von Gemeingütern, wie einer Allmende (Viehweide) letztlich durch Übernutzung zur Vernichtung des Gemeinguts und dadurch zum ‚Ruin aller führt‘. Ein anschauliches aktuelles Beispiel für das Allmende-Dilemma ist die Überfischung der Meere. Nach Hardin ist es rational, dass jeder einzelne so viel wie möglich fischt, um seinen Ertrag zu erhöhen. Wenn die Fischbestände aber keine Zeit mehr haben, sich zu erholen und zu vermehren, die Meere leer gefischt sind, kann niemand mehr fischen und die Allmende ist zerstört. Auch Regenwälder, Böden und die Atmosphäre mit unserem Klima sind Gemeingüter, die dadurch bedroht sind, dass uneingeschränkt auf sie zugegriffen werden kann, bis sie durch die Übernutzung letztlich zerstört werden.

Wege aus dem Allmende-Dilemma können Verstaatlichung oder eine andere Form der Selbstverwaltung sein, sowie Quoten, Steuern, Sanktionen und freiwillige Absprachen. Doch selbst wenn sich bspw. auf Fischfangquoten geeinigt wurde, bedarf es wirksamer Kontrollmechanismen und Sanktionsmöglichkeiten, damit diese auch eingehalten werden – was in der Praxis nicht so einfach ist.

Politiker als Pioniere?! Während Politiker und Ökonomen auf Signale von ‚unten‘ aus der Bevölkerung warten, sieht ein großer Teil der Bevölkerung dagegen die Verantwortung ‚oben‘ bei Politik oder Wirtschaft. Das Ergebnis sind Stillstand und Misstrauen. Politiker sind in ihre Parteien eingebunden, möchten vor allem wieder gewählt werden und in vier Jahren sind ohnehin kaum grundlegende Veränderungen möglich, die von der nächsten Regierung nicht wieder rückgängig gemacht werden würden. Denn die Angst vor weiterem Verlust von Arbeitsplätzen scheint größer als die Angst vor der Zerstörung unserer natürlichen Lebensgrundlagen. Und grundlegende Veränderungen bringen i. d. R. den Verlust von einigen Arbeitsplätzen mit sich (wie z. B. im Kohlebergbau), schaffen aber auch häufig neue Arbeitsplätze (wie z. B. im Bereich der Erneuerbaren Energien). Schärfere Umweltgesetze und das Vorantreiben der Energiewende werden oft durch Lobbyverbände mächtiger Industrien ausgebremst. Es wird auf kurzfristige sichtbare Erfolge und die weitere Förderung von Wirtschaftswachstum gesetzt. Diese Strategie scheint alternativlos.

Auf der einen Seite fordern die westlichen Gesellschaften von den Bürgerinnen und Bürgern zwar *„eine energie- und ressourcenbewusste [...] Denk- und Handlungsweise, fördern aber eine materialistische [...] und gegenwartsbezogene.“* (Stengel 2011, S. 254). Denn durch die Vermittlung individualistischer Werte entziehen Staat und Wirtschaft den Einzelnen die

Voraussetzungen für die Übernahme von Verantwortung für das Gemeinwohl (vgl. ebd. S. 255).

Überhaupt ist für das Vorantreiben einer Nachhaltigen Entwicklung vonseiten der Politik eher weniger zu erwarten, „So lange die soziale Stabilität von Konsum und Wirtschaftswachstum abhängt und die Grenze zwischen Politik und Wirtschaft in dem Sinne aufgeweicht ist, als demokratische Regierungen maßgeblich vom Einfluss der Wirtschaftsverbände infiltriert sind [...]" (Stengel 2011, S. 257–258).

Folglich müssten sich also entweder die Konsumenten ändern oder die Bedeutung des subsistenzübersteigenden Konsums und damit die Persönlichkeit oder die Kultur (vgl. Stengel 2011, S. 262) (vgl. dazu Abschn. 9.2).

6.3 Wirtschaftliche Gründe

Das gegenwärtige ökonomische System basiert auf Wachstum, weswegen anstelle einer notwendigen Reduktion zu einer Steigerung des Konsums, durch Werbung und die konstante Einführung neuer Waren, angeregt wird. Die Werbung dient dabei wiederum mit ihren konsumgebundenen Standards und Leitbildern der Mehrheit als Orientierung. Durch die kontinuierliche Einführung neuer Waren und die allgemeine Warenfülle werden einzelne Waren entwertet und Unzufriedenheit beim Verbraucher erzeugt, da dieser in Anbetracht des riesigen Angebots meist nicht mehr zufrieden ist, mit dem was er hat und so zum Kauf animiert wird. Ein ‚Teufelskreis' entsteht, bei dem die Nachfrage aus dem bloßen Vorhandensein der Warensammlung resultiert (vgl. Stengel 2011, S. 185).

Ohne wirtschaftliches Wachstum wäre der Wohlstand, den die Menschen der westlichen Industrienationen genießen, nicht denkbar gewesen. Wirtschaftswachstum hat uns also viel Gutes beschert und auch die Menschen in Entwicklungs- und Schwellenländern müssen noch die Möglichkeit haben, zu wachsen. Die Frage ist nur, wachsen wohin? Der Kapitalismus kennt kein „genug". Selbst, um das Wohlstands-Niveau der westlichen Industrienationen zu halten, muss weiter gewachsen werden. Wachstum ist das zentrale Ziel unserer Gesellschaft. Haben Unternehmen geringere Wachstumsraten zu verzeichnen, wird schnell um Arbeitsplätze gefürchtet. Der Club of Rome hat bereits 1972 auf „Die Grenzen des Wachstums" hingewiesen und deutlich gemacht, dass es in einer Welt mit begrenzten Ressourcen kein unbegrenztes Wachstum geben kann.

Die Gretchenfrage lautet: Sind eine Nachhaltige Entwicklung und grenzenloses Wirtschaftswachstum miteinander vereinbar oder schließen sie sich sogar gegenseitig aus?

Vertreter einer starken Nachhaltigkeitsposition halten beides aus den oben genannten Gründen für unvereinbar. Vertreter einer schwachen Nachhaltigkeitsposition propagieren dagegen sogenanntes Grünes Wachstum und halten am bestehenden Wirtschaftssystem fest. Wenn von „nachhaltigem wirtschaften" gesprochen wird, können also sehr unterschiedliche Dinge gemeint sein.

> **Green Economy und Grünes Wachstum**
> Auch die Vereinten Nationen setzen bei der Umsetzung nachhaltiger Entwicklung auf die sogenannte *Green Economy,* eine Wirtschaftsweise, die durch Ressourceneffizienz ökologisch verträglich sowie sozial verantwortlich sein soll und dabei das menschliche Wohlergehen weiter steigern soll. Auch synonym verwendete Begriffe wie ‚qualitatives' oder ‚CO_2-neutrales' Wachstum wollen verdeutlichen, dass eine Entkopplung des Wachstums von ökologischen Beeinträchtigungen möglich wäre. Dafür gibt es aber keinerlei theoretische oder empirische Grundlage (vgl. Paech 2018). Ein dauerhaftes Wachstum ist weder möglich noch nachhaltig.

Es müssen Entwicklungsmodelle geschaffen werden, die nicht wachsenden Konsum, sondern das Wohlbefinden der Menschen in den Mittelpunkt stellen (vgl. dazu Abschn. 10.2).

6.4   Zusammenfassung: Warum wir nicht nachhaltig handeln

- Unser Handeln wird von vielen (unterbewussten) Aspekten beeinflusst
- Unser Handeln erzeugt unerwünschte nicht nachhaltige Handlungsfolgen
- Fehlendes Wissen und Umweltbewusstsein
- Entstehende Kosten wie Zeit-, Geld- und Komforteinbuße
- Fehlende Bereitschaft Verantwortung zu übernehmen
- Zunehmende Komplexität moderner Gesellschaft
- Umwelt hat keine starke Lobby
- Naturkapital ist meist Gemeingut und daher vom Allmendeproblem betroffen
- Politik ist träge und setzt auf Wirtschaftswachstum
- Nachhaltige Entwicklung braucht neue Formen des Wirtschaftens.

Strategien zur Umsetzung von Nachhaltiger Entwicklung

7

Wenn es um die Umsetzung von nachhaltiger Entwicklung geht, stehen drei Strategien im Zentrum: Effizienz, Konsistenz und Suffizienz. Während die ersten beiden Strategien primär auf technische Innovationen setzen, geht es bei der dritten vor allem um Verhaltensänderung.

7.1 Effizienz-Strategie: besser

Die Effizienz-Strategie versucht, das bestmögliche Verhältnis von Input und Output zu erreichen. Es soll „Mehr aus Weniger" gewonnen werden. Dies geschieht meistens mithilfe technischer Innovationen, die einen geringeren Energie- und/oder Ressourceneinsatz ermöglichen, Abfälle vermeiden und die Wiederverwendbarkeit verbessern.

Beispiele für die Effizienz-Strategie sind das 3-Liter-Auto, die Tröpfchenbewässerung, mit der sich eine Wasserersparnis von über 80 Prozent erreichen lässt, …

Diese Strategie ist ökonomisch wie ökologisch vorteilhaft, und ist besonders bei Unternehmen sehr beliebt. Kritisiert werden zum einen der zugrunde liegende große Technikoptimismus und der sogenannte Bumerang-, oder Rebound-Effekt. Der besagt, dass aufgrund von einer effizienteren ressourcenschonenderen Produktionsweise, Produkte häufig günstiger angeboten werden können, was sich wiederum auf Gebrauch und Kaufverhalten der Verbraucher auswirkt. So wird bspw. das günstigere Produkt häufiger erneuert oder es werden gar weitere Produkte angeschafft. Dadurch wird die ursprüngliche Ressourcenersparnis in der effizienteren Produktion wieder aufgehoben (vgl. Lexikon der Nachhaltigkeit 2015d).

© Springer Fachmedien Wiesbaden GmbH, ein Teil von Springer Nature 2019
A. Kropp, *Grundlagen der Nachhaltigen Entwicklung,* essentials,
https://doi.org/10.1007/978-3-658-23072-2_7

7.2   Konsistenz-Strategie: anders

Die Konsistenz-Strategie setzt vor allem auf den Einsatz umweltfreundlicher Technologien. Ziel ist es eine Kreislaufwirtschaft zu ermöglichen, die analog dem Kreislauf der Natur funktioniert. Demzufolge gäbe es keine Abfälle mehr, da alle „Abfälle" wieder Rohstoffe für neue Produkte bilden. In diesem Zusammenhang wird meist auch von dem von Michael Braungart geprägten Konzept „Cradle to Cradle" gesprochen, also von der Wiege bis zur Wiege, anstatt wie bisher von der Wiege bis zur Bahre.

Beispiele für die Konsistenz-Strategie sind kompostierbare Kleidung (z. B. von Trigema), Energie-Plus-Häuser, die Nutzung von Abwärme und Brauchwasser, …

Im Gegensatz zur Effizienz-Strategie zielt die Konsistenz-Strategie weniger darauf ab, Energieverbrauch und Materialflüsse zu verringern und auch sie erfordert keine Änderung des Lebensstils. Eine echte Kreislaufwirtschaft ist jedoch schwer zu erreichen.

7.3   Suffizienz-Strategie: weniger

Die Suffizienz-Strategie zielt auf eine freiwillige Veränderung umweltrelevanter Verhaltensmuster zur Senkung des Ressourcen- und Umweltverbrauchs ab. Abgeleitet aus dem Lateinischen (sufficere = ausreichen, genügen) kann man Suffizienz am besten mit „Maßhalten" übersetzen. „Wie viel ist genug?" ist die zentrale Frage der Suffizienz-Strategie. Dabei sollen sparsamere suffiziente Lebensstile keinen bitteren Verzicht darstellen, sondern im Gegenteil ein gutes Leben ermöglichen. Sein Leben entrümpeln von Dingen, die wenig nutzen, aber Zeit, Geld, Raum und ökologische Ressourcen beanspruchen (vgl. Paech 2018). Dem World Happiness Report der UN zufolge sind die Menschen in Venezuela, Panama und Brasilien glücklicher als hier in Deutschland (Platz 26) (vgl. Zeit Online 2013), was darauf schließen lässt, dass unser Glück nicht in erster Linie von materiellem Wohlstand und Konsum abhängt. Zumindest bewirkt eine weitere Steigerung des Einkommens oder Konsums ab einem bestimmten Niveau keine weitere Steigerung des individuellen Wohlbefindens oder Glücks (vgl. Paech 2018).

Beispiele für die Suffizienz-Strategie sind Car-Sharing, Urban Gardening Projekte, Slow Food, Minimalismus …

Da die mit Suffizienz verbundenen Eigenschaften wie ‚genug‘, ‚weniger‘ und ‚langsamer‘ einen Gegensatz zum etablierten ‚schneller, besser, weiter‘ darstellen, wird sie häufig als rückschrittlich und damit unattraktiv empfunden (vgl. Stengel 2011, S. 182). Da die meisten Suffizienzmaßnahmen aber keiner technischen Voraussetzungen und politischen Entscheidungen bedürfen und somit von heute auf morgen umsetzbar sind, ist diese Strategie überaus vernünftig und wegweisend (vgl. ebd., S. 146).

▶   In den Industrienationen wurde bislang vorrangig auf Effizienz und Konsistenz gesetzt. Um die Ziele einer Nachhaltigen Entwicklung zu erreichen, sind aber alle drei Strategien: Dematerialisierung (Effizienz), Naturverträglichkeit (Konsistenz) und Selbstbegrenzung (Suffizienz) erforderlich.

BNE: Bildung für Nachhaltige Entwicklung

8

Die wichtigste Maßnahme auf dem Weg hin zu einer Nachhaltigen Entwicklung (NE) ist laut den Vereinten Nationen die Bildung für Nachhaltige Entwicklung (BNE). Das wurde auch in der Agenda 21 festgehalten, wo es in Kapitel 36 gleich im ersten Punkt heißt, dass eine „Neuausrichtung der Bildung auf Nachhaltige Entwicklung" erfolgen soll. Denn „Bildung ist eine unerlässliche Voraussetzung für die Förderung der nachhaltigen Entwicklung und die bessere Befähigung der Menschen, sich mit Umwelt- und Entwicklungsfragen auseinanderzusetzen" (vgl. UNECD 1992). Daher riefen die Vereinten Nationen von 2005 bis 2014 die Dekade „Bildung für nachhaltige Entwicklung" aus, um das Konzept auf sämtlichen Bildungsebenen der Mitgliedsstaaten zu stärken und zu verankern. In Deutschland wurden in dieser Zeit knapp 2000 BNE-Projekte ausgezeichnet (vgl. Deutsche UNESCO-Kommission e. V.). Angesichts der bestehenden und zunehmenden globalen Herausforderungen hat die UNESCO 2015 (bis 2019) das „Weltaktionsprogramm Bildung für nachhaltige Entwicklung" angeschlossen.

8.1 Was ist BNE?

Bildung für nachhaltige Entwicklung (BNE) hat das Ziel, Menschen zu zukunftsfähigem Denken und Handeln zu befähigen. Die Auswirkungen des eigenen Handelns verstehen lernen, um so verantwortungsvolle Entscheidungen treffen zu können, die auch Konsequenzen für künftige Generationen oder das Leben in anderen Weltregionen berücksichtigen (vgl. Deutsche UNESCO-Kommission 2018).

Bei BNE geht es allerdings nicht nur um die Vermittlung von Wissen, sondern vor allem auch um Kompetenzen, die den Lernenden dazu befähigen, das Wissen

© Springer Fachmedien Wiesbaden GmbH, ein Teil von Springer Nature 2019
A. Kropp, *Grundlagen der Nachhaltigen Entwicklung, essentials,*
https://doi.org/10.1007/978-3-658-23072-2_8

über nachhaltige Entwicklung in die Praxis umzusetzen. Diese Fähigkeiten lassen sich in dem von Gerhard de Haan geprägten Begriff der Gestaltungskompetenzen zusammenfassen.

8.2   Gestaltungskompetenz nach Gerhard de Haan

Es ist nicht einfach, in einer globalisierten sich permanent wandelnden Welt zu einem festen Konzept zu kommen. Aber auf alle Fälle erfordert Zukunftsfähigkeit Gestaltungskompetenz.

Mit Gestaltungskompetenz wird die Fähigkeit bezeichnet, Wissen über nachhaltige Entwicklung anwenden und Probleme nicht nachhaltiger Entwicklung erkennen zu können. Das heißt, aus Gegenwartsanalysen und Zukunftsstudien Schlussfolgerungen über ökologische, ökonomische und soziale Entwicklungen in ihrer wechselseitigen Abhängigkeit ziehen und darauf basierende Entscheidungen treffen, verstehen und individuell, gemeinschaftlich und politisch umsetzen zu können (de Haan, 2008).

Gestaltungskompetenz meint also alle die Fähigkeiten, die notwendig sind, um eine nachhaltige tragfähige Zukunft mitzugestalten. Diese Fähigkeit lässt sich nach de Haan (2008) in zwölf Teilkompetenzen untergliedern.

1. Weltoffen und neue Perspektiven integrierend **Wissen** aufbauen
2. Vorausschauend Entwicklungen **analysieren und beurteilen** können
3. **Interdisziplinär** Erkenntnisse gewinnen und handeln
4. **Risiken,** Gefahren und Unsicherheiten **erkennen und abwägen** können
5. Gemeinsam mit anderen **planen und handeln** können
6. **Zielkonflikte** bei der Reflexion über Handlungsstrategien berücksichtigen können
7. An kollektiven **Entscheidungsprozessen teilhaben** können
8. Sich und andere **motivieren können,** aktiv zu werden
9. Die eigenen **Leitbilder** und die anderer **reflektieren** können
10. **Vorstellungen von Gerechtigkeit** als Entscheidungs- und Handlungsgrundlage nutzen können
11. Selbstständig planen und handeln können
12. **Empathie** für andere zeigen können.

Individuelle Handlungsmöglichkeiten

Was soll ich allein schon ausrichten können? Diese Frage stellen sich angesichts der zahlreichen globalen Herausforderungen mit denen wir uns konfrontiert sehen, sicherlich viele Menschen. Und eine Nachhaltige Entwicklung kann auch nicht von wenigen Menschen allein realisiert werden, zumal die Umsetzung ohnehin auf verschiedenen Ebenen erfolgen muss. Aber schon Albert Einstein wusste: „Wir können der Tatsache nicht ausweichen, dass jede einzelne Handlung, die wir tun, ihre Auswirkung auf das Ganze hat".

9.1 Voraussetzungen für nachhaltiges Handeln

Moral als handlungsbewertende Instanz Unser Handeln wird von verschiedenen Faktoren beeinflusst und letztlich von der Moral bewertet, die entwickelt werden muss und unterschiedlich stark ausgeprägt sein kann. Theorien zur Moralentwicklung liefern z. B. Kohlberg und Piaget. Die moralische Entwicklung beeinflusst „die personalen Normen, den Einfluss von sozialen Normen auf das eigene Handeln, die persönliche Verantwortungsbereitschaft sowie die Kosten-Nutzen-Evaluationen einer Person" (Stengel 2011, S. 267). Beim Prozess der moralischen Entwicklung rückt das Selbst immer weiter weg, während die anderen zunehmend in die eigenen Handlungsentscheidungen mit einbezogen werden und dadurch der moralische Radius praktisch immer größer wird. Grundsätzlich bringe der Mensch zwar von Natur aus Potenzial zum moralisch sein mit, dieses müsse aber durch äußere Einflüsse, wie Bildungseinrichtungen, entfaltet werden, ansonsten stagniere die moralische Entwicklung (ebd.).

Nachhaltiges Handeln steht oft im Gegensatz zu persönlichen Interessen und den vorherrschenden gesellschaftlichen Konventionen und erfordert Kraft

© Springer Fachmedien Wiesbaden GmbH, ein Teil von Springer Nature 2019
A. Kropp, *Grundlagen der Nachhaltigen Entwicklung,* essentials,
https://doi.org/10.1007/978-3-658-23072-2_9

und Motivation, die aus einer starken moralischen Entwicklung gewonnen werden können.

Der lange Weg vom Kopf zur Hand Trotz vorhandenem Umweltwissen bleibt die praktische Umsetzung von nachhaltigem Handeln häufig aus. Die intellektuelle Einsicht allein genügt nicht. Um die Bereitschaft auszulösen, auch gemäß dieser Einsicht zu handeln, bedarf es nach Stengel (2011) einer postkonventionellen Mentalität, welche sich wiederum durch ‚günstige' gesellschaftliche Rahmenbedingungen entwickeln soll. Daneben ist es hilfreich, wenn sämtliche Gesetzeslücken geschlossen und Anreizstrukturen geschaffen würden, oder wenn die Mehrheit ‚mitmacht' (vgl. Stengel 2011, S. 275–276).

9.2 Kulturelle Neubewertung vom guten Leben

Neben der Förderung der moralischen Entwicklung besteht eine zweite Möglichkeit zur Suffizienzumsetzung in der kulturellen Neubewertung vom guten Leben. Innerhalb der westlichen Industrienationen sind Erfolg, Wohlstand und ein gelungenes Leben mit einem ressourcenintensiven Lebensstil und dem Konsum von Gütern verbunden. Zudem besteht die Tendenz, dass sich der Großteil der Bevölkerung an der gesellschaftlichen Mehrheit und deren Verhaltensweisen orientiert. Um eine suffiziente Lebensweise nicht mehr als kostenlastig wahrzunehmen, müssten sich folglich die Definitionen von Erfolg, Wohlstand und einem guten Leben ändern. Würde Suffizienz zur Konvention werden, hätte dies wiederum Auswirkungen auf Politik und Wirtschaft (vgl. Stengel 2011, S. 294).

Wie wir glücklicher werden Für eine langfristige Lebenszufriedenheit sei die innere Haltung entscheidend und keine äußeren ‚glücklichen' Umstände, wie Geld oder Ruhm. Diese mögen für einen gewissen Moment beflügeln, können aber keine Basis für langfristige Zufriedenheit geben, im Gegensatz zum Ausbilden persönlicher Pläne, Vorlieben und Ambitionen. Auch soziale Gleichheit, Arbeitsplatzsicherheit, sozialer Zusammenhalt und politische Teilhabe zählen zu den Quellen des Wohlbefindens. Eine große Rolle spielen soziale Beziehungsmuster, wobei die Zufriedenheit mit zunehmender Zeitinvestition in Beziehungen zu Verwandten, Freunden oder religiösen Gruppen ansteigt. Aufgrund seiner Außensteuerung und Kurzlebigkeit ist das ‚Warenglück' dem wahren Glück, welches auf Innensteuerung und Langfristigkeit beruht, geradezu entgegengesetzt. Daher wäre durch eine Begrenzung des Warenkorbs keine Einschränkung des gesellschaftlichen oder persönlichen Wohlbefindens zu erwarten. Den kürzesten und sichersten Weg zum Glück sehen die klassischen Glückslehren „in der behutsamen Zurückhaltung bei den Bedürfnissen", da dies in der eigenen Macht liegt und so zu einem Gewinn an Unabhängigkeit führt.

Mehr Zeit für ein gutes Leben Eine weitere Strategie ist ein sparsamerer Umgang mit unserem kostbarsten Gut: Zeit. Stress gilt als Volkskrankheit Nummer eins und die Zahl von Arbeitskräften, die sich wegen Burn-out-Symptomen krank melden, hat in den letzten Jahren immer weiter zu genommen (vgl. Poulsen 2012, S. 14 f.). Ein Prinzip der Suffizienzstrategie lautet daher *Entschleunigung*, was in einer immer schneller und komplexer werdenden Welt immer dringlicher wird und auf zunehmendes Interesse stößt. Denn frei verfügbare Zeit ist für ein gutes, glückliches Leben unerlässlich. Lange Arbeitszeiten werden mit einem umfassenden Konsumangebot entschädigt. Anstatt aber immer länger zu arbeiten, um sich immer mehr leisten zu können, was wie zuvor erklärt keine Basis für eine langfristige Zufriedenheit bilden kann, könnte doch auch die Arbeitszeit den tatsächlichen Bedürfnissen angepasst und so reduziert werden. Zu Beginn mag der Eindruck entstehen, dass dann für die gewonnene Zeit nicht mehr genügend Geld zur Verfügung stehe. Das liegt daran, dass das konsumlose Freizeiterlebnis wie auch kürzere Erwerbszeiten erst wieder erlernt und wertgeschätzt werden müssen. Eine solche Reduktion der Arbeitszeit können sich vorerst vermutlich allerdings nur diejenigen leisten, die nicht am Existenzminimum leben (Für die letzten beiden Absätze vgl. Wuppertal Institut 2008, S. 234–236, 597–599).

9.3 Nachhaltiger Konsum

Ein verlockender Gedanke, durch den Kauf der ‚richtigen' Produkte, die Welt zu retten. Grundlegende notwendige Veränderungen werden dadurch allerdings kaum entstehen, weil erstens nichts an den Rahmenbedingungen verändert wird und man zweitens trotz des Kaufens (zu vieler) nachhaltigerer Produkte einen wenig nachhaltigen Lebensstil führen kann. Tatsächlich können Verbraucher aber durch ihre Kaufentscheidungen etwas bewirken und die Gestaltung nachhaltiger Wertschöpfungsketten mit vorantreiben, wie das Beispiel ‚Fairtrade' gezeigt hat (vgl. Wuppertal Institut 2008). Produkte aus fairem Handel, wie Kaffee oder Kakao, garantieren den Kleinbauern, die sie in Entwicklungs- und Schwellenländern angebaut haben, feste und höhere Preise sowie menschenwürdige Arbeitsbedingungen, wozu auch ein Verbot von Kinderarbeit gehört (vgl. TransFair e. V. 2017). Aufgrund der steigenden Nachfrage nach Biolebensmitteln oder Fairtrade-Produkten, werden diese inzwischen auch von den meisten Discountern

angeboten. Und ohne Frage sind Lebensmittel aus biologischem Anbau besser
für die Umwelt, da auf giftige Pestizide und Kunstdünger verzichtet wird. So
werden die kostbaren Böden geschont, Insekten wie Bienen erhalten und oben-
drein schmecken die an die Region angepassten Gemüsesorten auch meistens
besser. Schwierig wird es dann, wenn sich der Konsument zwischen Bio-Tomaten
aus Spanien und den konventionellen Tomaten aus der Region entscheiden soll,
denn die langen Transportwege, die Lebensmittel auf dem Weg in unsere Regale
zurücklegen, sind mit dem Ausstoß großer Mengen an klimaschädlichem CO_2
verbunden. Die zahlreichen unterschiedlichen Siegel und Kennzeichnungen
machen es dem Verbraucher auch nicht unbedingt einfacher. So sind bspw. die
Richtlinien für das deutsche Biosiegel strenger, als die für das europäische und
manch ein Papiersiegel garantiert noch nicht einmal den Verzicht auf Tropenholz.
Die Verbraucher Initiative e. V. hat daher Label-online eine Internetplattform mit
verlässlichen Hintergrundinformationen und Gesamtbewertungen zu zahlreichen
Labeln ins Leben gerufen. Dort kann man gezielt nach bestimmten Labeln suchen
oder sich ‚empfehlenswerte' anzeigen lassen, wie z. B. den *Blauen Engel*. Ins-
gesamt stellen Labels eine gute Möglichkeit dar, faire, ökologische und soziale
Standards von Produkten zu erkennen. Ein weiteres nützliches Online-Portal für
nachhaltigen Konsum ist der *Nachhaltige Warenkorb*.

Letztlich erfordert aber auch der Kauf zertifizierter Produkte kostbare Ressourcen, weswegen grundsätzlich vor jedem Kauf über dessen Notwendigkeit
nachgedacht werden sollte – vor allem natürlich bei Produkten wie Kleidung
und Elektronik. Um bei dem großen Warenangebot einer Überforderung durch
die Vielzahl von Wahlmöglichkeiten zu entgehen, ist es unerlässlich, die eigenen
Absichten und Prioritäten zu reflektieren. Wer seine Wünsche und Bedürfnisse
kennt, wird sich diese seltener von Werbung und Schaufensterauslagen einreden
lassen.

Aber der Konsum beginnt erst mit der Kaufentscheidung. Je länger die Produkte nun genutzt werden, desto nachhaltiger. Viele Produkte, wie Werkzeug
muss man nicht allein besitzen, sondern kann sie mit anderen teilen. Andere
Dinge, z. B. Kleidung, für die wir keine Verwendung mehr haben, können wir mit
anderen tauschen, sie verschenken, oder verschönern, anstatt sie wegzuwerfen.
Insbesondere bei elektronischen Waren machen viele Verbraucher die Erfahrung,
dass diese meist kurz nach Ablauf der Garantie kaputt gehen. In manchen Fällen steckt System dahinter, welches als ‚*geplante Obsoleszenz*', also geplanter
Verschleiß, bezeichnet wird. So werden teilweise absichtlich Schwachstellen in
Produkte eingebaut, defekte Komponenten sind nicht austauschbar oder Ersatz-
teile und Reparatur sind teurer als ein neues Gerät. Selbst einige Wissenschaftler

bezeichnen geplante Obsoleszenz noch immer als Mythos, da diese i. d. R. schwer nachzuweisen ist. Einen guten Überblick über die Thematik verschafft die Dokumentation *Kaufen für die Müllhalde* (2011), sowie die Initiative *Murks? Nein Danke!* und das Buch *Geplanter Verschleiß* von Ökonom Christian Kreiß. Es ist oft schwierig defekte Produkte zu reparieren, aber die Reparatur ist natürlich sehr viel ressourcenschonender als der Kauf eines neuen Produktes. In vielen Städten gibt es inzwischen sogenannte *Repair Cafés*, wo man kostenlose Hilfe bei der Reparatur seiner Lieblingssachen erhält und sich selbst engagieren kann. Schließlich sollten die ausgedienten Produkte nach Möglichkeit recycelt oder zumindest fachgerecht entsorgt werden. Auch hier finden sich unter dem Stichwort *upcycling oder DIY (do it yourself)* online unzählige Anregungen, was man aus Abfall und Ausgedientem noch Kreatives und Nützliches herstellen kann.

Abb. 9.1 fasst den Kreislauf nachhaltigeren Konsums noch einmal schematisch zusammen.

▶ Der effizienteste Weg, Ressourcen zu schonen, liegt nicht im Kaufen des ökologischsten Produkts, sondern immer noch im Verzicht auf dieses.

Wie kann ich nachhaltiger konsumieren?

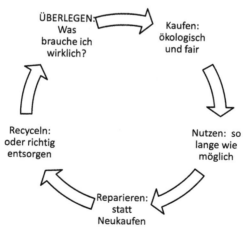

Abb. 9.1 Wie kann ich nachhaltiger konsumieren?

9.4   Fazit: Wie kann ich nachhaltig handeln?

Überblick

Allgemein

- Bereit sein, Verantwortung für das eigene Handeln zu übernehmen.
- Verschiedene Handlungsoptionen miteinander vergleichen und abwägen (Hilfestellung: Ist die Option auch noch unbedenklich, wenn das alle täten?).
- Ökologischen Fußabdruck berechnen und verkleinern (vgl. Kap. 1).
- Antwort auf die Frage finden, was ein gutes Leben für mich bedeutet.

Konkret

- Energie sparen und CO_2-Ausstoß reduzieren
- Ressourcen schonen und Abfall vermeiden

Umsetzung in die Praxis

10

Nachhaltige Entwicklung kann und soll nicht nur auf individueller Ebene umgesetzt werden, sondern auf möglichst vielen Handlungsebenen, auf die Individuen teilweise allerdings ebenfalls einwirken können. Insbesondere muss das Thema auf der politischen Agenda weiter nach oben rücken und die Wirtschaft einen Ausweg aus dem Wachstums-Dilemma finden.

10.1 Politik und ihre Nachhaltigkeitsstrategien

Innerhalb Deutschlands entwickeln Gemeinden und Städte, die einzelnen Länder sowie der Bund selbst eigene Umsetzungsstrategien nachhaltiger Entwicklung. In vielen Städten und Gemeinden wurden Stellen für sogenannte Klimaschutzbeauftragte geschaffen, die sich dem wohl dringlichsten Thema der Nachhaltigkeitsdebatte annehmen. Baden-Württemberg wollte schon 2007 mit der „N! Strategie" Nachhaltigkeit zum Landes-Markenzeichen machen. Der Bund hat bereits 2002 mit „Perspektiven für Deutschland" eine Nachhaltigkeitsstrategie beschlossen, die 2017 als „Deutsche Nachhaltigkeitsstrategie" aktualisiert worden ist. Auf 260 Seiten werden Ziele und Maßnahmen genannt, die sich vor allem an der Agenda 2030 und den 17 SDGs orientieren. Auch ein Nachhaltigkeitsmanagementsystem mit quantifizierbaren Indikatoren und einer Beschreibung des geplanten Monitorings ist vorhanden. Bürgerinnen und Bürger hatten im Vorfeld die Möglichkeit an deutschlandweit fünf öffentlichen Konferenzen teilzunehmen, sowie online am Strategienentwurf mitzudiskutieren. Die Strategie enthält jedoch keinerlei Suffizienz-Ansätze. Ziel 8 der SDGs lautet „dauerhaftes, inklusives und nachhaltiges Wirtschaftswachstum, produktive Vollbeschäftigung und menschenwürdige Arbeit für alle fördern". Hier setzt die Bundesregierung

© Springer Fachmedien Wiesbaden GmbH, ein Teil von Springer Nature 2019
A. Kropp, *Grundlagen der Nachhaltigen Entwicklung*, essentials,
https://doi.org/10.1007/978-3-658-23072-2_10

zwar immerhin auf verstärkte Ressourceneffizienz (vgl. Die Bundesregierung 2017a, S. 122), versteht aber unter nachhaltigem Wirtschaften eine Verstetigung der Wachstumsdynamik und eine Erhöhung des Wachstumspotenzials (ebd.). Die politische Umsetzung der eher unbeliebten Suffizienzstrategie ist eine große Herausforderung für die Politik. Manfred Linz hat eine Handreichung geschrieben, wie dies gelingen kann (vgl. Wuppertal Institut 2017).

Auf internationaler Ebene hat die **Europäische Union** 2001 eine Nachhaltigkeitsstrategie entwickelt mit dem Ziel die Lebensqualität für heutige und künftige Generationen zu verbessern und dabei sicherzustellen, dass Wirtschaftswachstum, Umweltschutz und soziale Integration Hand in Hand gehen. Nach einer Mitteilung der Bundesregierung soll die Europäische Kommission bis Mitte des Jahres 2018 die zuletzt im Jahre 2006 aktualisierte Nachhaltigkeitsstrategie für Europa ebenfalls an die Agenda 2030 anpassen.

Die deutsche wie auch die zukünftige europäische Nachhaltigkeitsstrategie orientieren sich also sinnvollerweise an der Strategie der **Vereinten Nationen,** die 2015 in New York die Agenda 2030 mit 17 Zielen für eine nachhaltige Entwicklung beschlossen haben. Globale Herausforderungen des 21. Jahrhunderts wie Klimawandel und die Bekämpfung von Hunger und Armut lassen sich nur gemeinsam auf globaler Ebene lösen. Die Agenda 2030 gilt als wichtiger Meilenstein der Nachhaltigkeitspolitik und wird voraussichtlich in den kommenden Jahren als Kompass für eine Nachhaltige Entwicklung dienen.

10.2   Bürgerinitiativen und soziale Innovationen

Die Definition von Zielen und Maßnahmen zur Umsetzung nachhaltiger Entwicklung ist ein erster wichtiger Schritt – aber ‚Papier ist geduldig'. Eine weitere starke Triebfeder der Gesellschaft sind Bürgerinitiativen, wo unterschiedliche Teilaspekte nachhaltiger Entwicklung praktisch in die Tat umgesetzt werden. Bei einigen Bewegungen und Trends wird auch von sozialen Innovationen gesprochen, also sich verbreitende Praktiken, die Lösungsansätze für verschiedene gesellschaftliche Probleme anbieten. Einige überregional verbreitete Beispiele zum mit- und nachmachen sollen hier kurz skizziert werden:

Urban Gardening – Urbane Landwirtschaft in Form von Gemeinschaftsgärten, Bepflanzung von Brachflächen oder Dach-und Balkongärten, erfreut sich immer größerer Beliebtheit. Ein prominentes Beispiel in Deutschland ist der auf einer 6000 Quadratmeter Brache geschaffene Prinzessinnengarten in Berlin, wo mit einfachen Mitteln Blumen und Gemüse angepflanzt wird und Menschen unterschiedlicher Milieus zusammenfinden. In den westlichen Industrienationen dienen die Stadtgärten weniger der Selbstversorgung, sondern vor allem auch dem Spaß und Stressabbau, den die Gartenarbeit mit sich bringt sowie der Verschönerung des Stadtbildes und der Schaffung von Naherholungsorten. Stadtgärten verbessern daneben das Mikro-Klima und bieten Lebensraum für Insekten. Aber auch in den Ballungszentren der Entwicklungs- und Schwellenländer spielt urbane Landwirtschaft eine immer größer werdende Rolle. So ermöglicht bspw. die NGO *Städte ohne Hunger* in Brasiliens Mega-City São Paulo die Errichtung von Gemeinschaftsgärten auf Brachen, in denen bedürftige Menschen Gemüse zur Selbstversorgung und zum Verkauf anbauen und so ihren Lebensunterhalt bestreiten können.

Um die Lebensdauer verschiedener Produkte zu verlängern und geplanter Obsoleszenz (vgl. Abschn. 9.3) die Stirn zu bieten, wurde das *Repair Café* ins Leben gerufen, wo man gemeinsam mit ehrenamtlichen Helfern seine kaputten Dinge reparieren kann. Die Idee stammt aus den Niederlanden und hat sich seit 2007 mit über 1500 Repair Cafés in die ganze Welt verbreitet, sicher auch in deine Nähe.

Um die Dinge, die unter hohem Ressourcen- und Energieeinsatz für uns produziert worden sind, möglichst lange zu nutzen, bieten sich neben dem Reparieren auch **Tauschbörsen** an. Utopia (2017) hat eine Tauschbörsen-Übersicht erstellt, wo deutschlandweit getauscht werden kann, ebenso gibt es zahlreiche digitale regionsbezogene Plattformen, aber auch regelmäßig organisierte Tausch- und Verschenkmärkte, ähnlich den Flohmärkten. Auch eine private Kleidertauschparty im Freundes- und Bekanntenkreis macht Spaß und ist eine nachhaltige Möglichkeit Abwechslung in den Kleiderschrank zu bringen.

Bei vielen Dingen ist es zudem nicht unbedingt erforderlich, dass wir sie alleine besitzen, wie z. B. Bohrmaschine, Rasenmäher, Waschmaschine oder ein Auto. Vieles könnten wir **mit anderen teilen.** Portale wie foodsharing.de, die sich der Verteilung von überschüssigen Lebensmitteln widmen, oder privates Carsharing also die gemeinsame Nutzung eines Autos, sind Beispiele einer erfolgreichen Umsetzung des Teilen statt Haben. Mittlerweile hat sich aus diesem Gedanken die sogenannte *Sharing Economy* gebildet, die eine im Grunde nachhaltige und solidarische Idee kapitalistisch ausschlachtet. Prominente Beispiele der Sharing Economy wie AirBnB und Uber verdeutlichen, dass die kommerzielle Tauschökonomie nichts mehr mit wirklichem Teilen zu tun hat. Vielmehr ermöglicht sie eine zusätzliche Kapitalisierung von zuvor ungenutzten Kapazitäten wie Wohnungen und Autos (vgl. Oberhuber 2016). Nicht immer tragen Angebote der Sharing Economy also zu einem nachhaltigeren und solidarischeren

Miteinander bei. Praktischer ist es meist ohnehin, Dinge im privaten Umfeld wie der Hausgemeinschaft, zu teilen.

▶   Bürgerinitiativen und Privatpersonen setzen Nachhaltige Entwicklung um, indem sie pflanzen, reparieren, tauschen und teilen.

10.3   Unternehmen und Nachhaltigkeit

CSR – Corporate Social Responsibility In Unternehmen wird anstelle von Nachhaltigkeit häufig von *CSR, Corporate Social Responsibility,* gesprochen, einem Begriff der ähnlich dem der Nachhaltigkeit sehr unterschiedlich ausgelegt sein kann. *CSR* beschreibt die Verantwortung von Unternehmen für ihre Auswirkungen auf die Gesellschaft. Teilweise verwenden Unternehmen auch den Begriff *Corporate Responsibility (CR),* da es nicht nur um soziale Verantwortung geht. *Corporate Citizenship (CC)* dagegen bezeichnet bürgerschaftliches/gesellschaftliches Engagement und ist nur ein kleiner Teilbereich der unternehmerischen Verantwortung (zusätzliche Aktivität), wie Stiften, Spenden, Sponsern. Bei *CSR* geht es darum, wie Gewinne erwirtschaftet werden und nicht, was mit ihnen geschieht. Es beschreibt die Art das Kerngeschäft zu betreiben: umweltverträglich, ethisch und sozial verantwortlich und zugleich ökonomisch erfolgreich – kurz nachhaltig. (vgl. Lexikon der Nachhaltigkeit 2016).

Nachhaltigkeitsindikatoren und -berichterstattung Wenn sich Regierungen, Institutionen und Unternehmen für Nachhaltigkeit engagieren, möchten sie Fortschritte und Erfolge meist auch öffentlich und vor allen Dingen mess- und quantifizierbar machen. Nachhaltigkeitsberichterstattung ist zudem seit 2017 auch in Deutschland für kapitalmarktorientierte Unternehmen mit mehr als 500 Mitarbeitern verpflichtend (vgl. BMJV 2017). Die Herausforderung besteht darin Nachhaltige Entwicklung in Zahlen auszudrücken, was kaum für alle Aspekte möglich ist. Um Nachhaltigkeitsengagement zu messen und zu überwachen werden i. d. R. unterschiedliche Nachhaltigkeits-Indikatoren festgelegt, die die jeweiligen Ziele, Maßnahmen oder Aktivitäten widerspiegeln sollen.

Bei der Erstellung von CSR- oder Nachhaltigkeitsberichten kann sich an den international anerkannten und auch auf die Bedürfnisse unterschiedlicher Branchen zugeschnittenen Standards der Global Reporting Initiative (GRI) orientiert werden. Mehr als 5000 Unternehmen, Verbände und Organisationen aus über 70 Ländern weltweit nutzen die Vorgaben der 1997 gegründeten GRI (Stand 2015) (vgl. Lexikon der Nachhaltigkeit 2015e).

EMAS das **E**co-Management and **A**udit **S**cheme der Europäischen Union, gilt als das anspruchsvollste System für nachhaltiges Umweltmanagement weltweit. Ein Umweltmanagementsystem strukturiert (erfasst, steuert und kontrolliert) die umweltrelevanten Aktivitäten und Umweltauswirkungen eines Betriebes. Bei EMAS verpflichten sich die Teilnehmer, ihre Umweltleistung systematisch und kontinuierlich zu verbessern und werden dabei von einem externen Gutachter überprüft. Durch die Einführung von EMAS können Unternehmen und Institutionen Energie- und Ressourcenkosten einsparen, Umweltvorschriften sicher einhalten sowie ihre Glaubwürdigkeit verbessern und einen Imagegewinn erzielen. Die Einführung ist allerdings mit einem relativ hohen (Kosten-) Aufwand verbunden.

Greenwashing Der Vorwurf des **Greenwashings** wird vor allem Unternehmen gemacht, die sich durch PR- und Marketing-Maßnahmen ein ‚Grünes Image' zulegen, ohne (oder nur minimal) entsprechende Maßnahmen umzusetzen. Wenn der ökologische und soziale Etikettenschwindel auffliegt, droht erheblicher Imageschaden. So legte sich der britische Ölkonzern BP publikumswirksam den Slogan „Beyond Petroleum" und ein Sonnenlogo zu, war aber mitverantwortlich für den Untergang der Tiefsee-Ölplattform Deepwater Horizon 2010, der größten Umweltkatastrophe in der US-Geschichte. (vgl. Lexikon der Nachhaltigkeit 2015 f.). Ein aktuelleres Beispiel, das auch international für Schlagzeilen sorgte, ist der Dieselskandal 2015, bei dem Volkswagen mit manipulierter Software die Emissionswerte seiner Fahrzeuge besser darstellte, als sie waren. Das brachte Volkswagen Klagen in Milliardenhöhe ein.

10.4   Neue nachhaltige Wirtschaftsform wagen

Neben erfolgreichen Experimenten wie der Einführung von Regionalwährungen oder Tauschdörfern, gibt es einen vielversprechenden Ansatz für eine neue Art zu wirtschaften, der hier kurz skizziert werden soll: die Postwachstumsökonomie.

Postwachstumsökonomie Die Postwachstumsökonomie, deren bekanntester Begründer der Ökonom Nico Paech ist, setzt auf eine Ökonomie, die frei von Wachstumszwängen ist und auf Suffizienz und Subsistenz setzt, also darauf weniger zu verbrauchen und wieder mehr selbst zu machen. „Das Konzept der Postwachstumsökonomie orientiert sich an einer Suffizienzstrategie und dem partiellen Rückbau industrieller, insbesondere global arbeitsteiliger Wertschöpfungsprozesse zugunsten einer Stärkung lokaler und regionaler Selbstversorgungsmuster."

(Paech 2018). Sie hält die gegenwärtigen Visionen eines ‚nachhaltigen', ‚grünen', ‚qualitativen' oder ‚CO2-neutralen' Wachstums für nicht möglich. Denn um ökologische Schäden mittels technischer Innovationen von der monetären Wertschöpfung zu entkoppeln, fehlten sowohl theoretische als auch empirische Grundlagen.

Doch Paech bietet nicht nur eine theoretische Grundlage, sondern zeigt ebenso einen möglichen Weg auf, hin zur Postwachstumsökonomie – in fünf Schritten.

1. **Suffizienz** (vgl. Abschn. 7.3 und Kap. 9), eine Befreiung vom Überfluss durch grundlegende Entrümpelung und Entschleunigung unserer übervollen Lebensstile.
2. **Balance zwischen Selbst- und Fremdversorung** durch das Wiedererlernen verschiedener Kompetenzen wieder mehr Dinge selber herzustellen, wie z. B. Gemeinschaftsgärten, Repair Cafés oder Tauschringe. Durch eine ohnehin notwendige Reduktion der Erwerbsarbeit (bspw. auf eine 20 Stundenwoche), entstünde mehr Zeit für Eigenarbeit, wodurch aus Konsumenten sogenannte ‚Prosumenten', die nicht mehr nur konsumieren, sondern auch selbst Dinge produzieren, werden würden. Auf diese Weise könnte auch das Bruttoinlandsprodukt sinken, ohne den Wohlstand zu gefährden.
3. Förderung einer ökologisch verträglicheren und krisenresistenteren **Regionalökonomie,** z. B. durch Regionalwährungen, die eine Abkopplung von global agierenden Unternehmen ermöglicht, durch kürzere Wertschöpfungsketten klima- und ressourcenschonender ist und den Wohlstand in der Region sichert.
4. Alle restlichen Konsumansprüche, die sich weder entrümpeln noch durch regionale Versorgungsstrukturen ersetzen lassen, durch **Nutzungsdauerverlängerung und Nutzungsintensivierung** optimieren.
5. **Institutionelle Innovationen** wie die zinslose Umlaufsicherung von Regionalwährungen, oder die Bestimmung individueller jährlicher Emissionskontingente als konkrete Richtlinie für einen nachhaltigen Lebensstil, der mit dem Zwei-Grad-Klimaschutzziel vereinbar wäre (für den gesamten Abschnitt vgl. Paech 2018).

Paech weiß, dass dieser Weg hin in eine Postwachstumsökonomie nicht einfach ist, wenn er unsere Abhängigkeit nach industrieller Non-Stop-Versorgung mit der eines Heroinsüchtigen vergleicht und kaum Zweifel daran hegt, dass wir weiterhin auf einen großen Kollaps zusteuern (vgl. Paech 2014, S. 50). Spätestens nach diesem Kollaps, idealerweise natürlich zuvor, sei das Leben in der Postwachstumsökonomie „von Sesshaftigkeit und materieller Genügsamkeit geprägt, aber sehr entspannt" (Paech 2014, S. 51).

„Diese Auslegung einer nachhaltigen Entwicklung entspricht keiner Kunst des zusätzlichen Bewirkens, sondern des kreativen Unterlassens. Deshalb muss dazu nichts erfunden, wohl aber vieles reduziert und manche genügsame Versorgungspraktik schlicht eingeübt werden" (Paech 2014, S. 51).

Was Sie aus diesem *essential* mitnehmen können

- Nachhaltige Entwicklung ist ein normatives Leitbild, das auf Gerechtigkeit basiert
- Ziel nachhaltiger Entwicklung ist es, ein gutes Leben für alle Menschen zu ermöglichen und erfolgreich zu wirtschaften ohne dabei die ökologischen Grenzen zu überschreiten
- Nachhaltige Entwicklung ist ein Prozess, der gemeinsam von Individuen, Gesellschaft, Politik, Wissenschaft und Unternehmen gesucht und gestaltet werden muss
- Bei der Umsetzung von Nachhaltiger Entwicklung spielen Effizienz-, Konsistenz-, und vor allem die Suffizienz-Strategie neben einer Bildung für Nachhaltige Entwicklung eine wichtige Rolle
- Essenziell für die erfolgreiche Transformation in eine nachhaltige Gesellschaft ist die Entwicklung neuer Wirtschaftsformen, die frei von Wachstumszwängen ist

© Springer Fachmedien Wiesbaden GmbH, ein Teil von Springer Nature 2019   43
A. Kropp, *Grundlagen der Nachhaltigen Entwicklung,* essentials,
https://doi.org/10.1007/978-3-658-23072-2

Literatur

BMJV (Bundesministerium der Justiz und für Verbraucherschutz). (2017). *Gesetz zur Stärkung der nichtfinanziellen Berichterstattung der Unternehmen in ihren Lage- und Konzernlageberichten (CSR-Richtlinie-Umsetzungsgesetz).* Bundesgesetzblatt Jahrgang 2017 Teil I Nr. 20, ausgegeben zu Bonn am 18. April 2017. https://www.bmjv.de/SharedDocs/Gesetzgebungsverfahren/Dokumente/BGBl_CSR-RiLi_UmsetzungsG.pdf?__blob=publicationFile&v=3. Zugegriffen: 3. Apr. 2018.

Braungart, M. (2016). Cradle to cradle. http://www.braungart.com/. Zugegriffen: 10. Mai 2018.

Broszies, C., & Hahn, H. (Hrsg.). (2013). *Globale Gerechtigkeit. Schlüsseltexte zur Debatte zwischen Partikularismus und Kosmopolitismus* (2. Aufl.). Berlin: Suhrkamp.

de Haan, G. (2008). Gestaltungskompetenz als Kompetenzkonzept der Bildung für nachhaltige Entwicklung. In I. Bormann & G. de Haan (Hrsg.), *Kompetenzen der Bildung für nachhaltige Entwicklung* (S. 23–43). Wiesbaden: VS Verlag.

Deutsche Unesco-Kommission e. V. (2018). *BNE-Portal.* www.bne-portal.de. Zugegriffen: 14. Mai 2018.

Die Bundesregierung (Hrsg.). (2017a). *Deutsche Nachhaltigkeitsstrategie. Neuauflage 2016.* https://www.bundesregierung.de/Content/DE/_Anlagen/Nachhaltigkeit-wiederhergestellt/2017-01-11-nachhaltigkeitsstrategie.pdf;jsessionid=E1A99957443B-25221CFD578D96323592.s6t1?__blob=publicationFile&v=20. Zugegriffen: 22. Feb. 2018.

Die Bundesregierung (Hrsg.). (2017b). *Für eine neue EU-Strategie. Nachhaltigkeitspolitik in Europa.* Meldung vom 5. Juli 2017. https://www.bundesregierung.de/Webs/Breg/DE/Themen/Nachhaltigkeitsstrategie/3-nachhaltigkeitspolitik-eu-international/europaeische-strategie/_node.html. Zugegriffen: 22. Feb. 2018.

Ekardt, F. (2010). *Das Prinzip Nachhaltigkeit. Generationengerechtigkeit und globale Gerechtigkeit.* München: Beck.

Global Footprint Network. (2018). *Global Footprint Network. Advancing the Science of Sustainability.* https://www.footprintnetwork.org/about-us/contact/. Zugegriffen: 3. Apr. 2018.

Gosepath, S. (2008). Art. Gerechtigkeit. In *Handbuch der Politischen Philosophie und Sozialphilosophie. Bd. 1* A–M (S. 394–401). Berlin: Walter de Gruyter.

© Springer Fachmedien Wiesbaden GmbH, ein Teil von Springer Nature 2019
A. Kropp, *Grundlagen der Nachhaltigen Entwicklung,* essentials,
https://doi.org/10.1007/978-3-658-23072-2

Grober, U. (2010). *Die Erde zuerst. Über den Begriff „Nachhaltigkeit" – und wie damit Unsinn getrieben wird.* In Greenpeace Magazin, Ausgabe 3.10 (Mai–Juni 2010), S. 66–69. https://www.greenpeace-magazin.de/die-erde-zuerst. Zugegriffen: 8. Mai 2018.

Grober, U. (2013). *Die Entdeckung der Nachhaltigkeit. Kulturgeschichte eines Begriffs.* München: Antje Kunstmann.

Grunwald, A., & Kopfmüller, J. (2012). *Nachhaltigkeit* (2. aktualisierte Aufl.). Frankfurt: Campus.

Hahn, H. (2014). Globale Gerechtigkeit: Das Prinzip kosmopolitischer Verantwortung. In C. Sedmak (Hrsg.) *Grundwerte Europas: Vom Wert der Verhältnismäßigkeit. Bd. 4. Gerechtigkeit* (S. 185–203). Darmstadt: WBG, Wissenschaftl. Buchges.

Hardin, G. H. (1968). The Tragedy of the commons. *Science, 162*(1968), 1243–1246.

Hauff, V. (Hrsg.). (1987). *Unsere gemeinsame Zukunft. Der Brundtland-Bericht der Weltkommission für Umwelt und Entwicklung.* Greven: Eggenkamp.

Jonas, H. (1984). *Das Prinzip Verantwortung. Versuch einer Ethik für die technologische Zivilisation.* Frankfurt a. M.: Suhrkamp taschenbuch (1085).

Lexikon der Nachhaltigkeit. (2015a). *Nachhaltigkeit in der Forstwirtschaft: von Carlowitz.* online über: https://www.nachhaltigkeit.info/artikel/nachhaltigkeit_i_d_forstwirtschaft_1725.htm. Zugegriffen: 8. Mai 2018 (Zuletzt aktualisiert am 18. Nov. 2015).

Lexikon der Nachhaltigkeit. (2015b). *UN Weltumweltkonferenz Stockholm, 1972.* https://www.nachhaltigkeit.info/artikel/uno_konferenz_stockholm_1972_688.htm. Zugegriffen: 8. Mai 2018 (Zuletzt aktualisiert am 02. Nov. 2015).

Lexikon der Nachhaltigkeit. (2015c). *Weltgipfel Rio de Janeiro, 1992.* https://www.nachhaltigkeit.info/artikel/weltgipfel_rio_de_janeiro_1992_539.htm. Zugegriffen: 8. Mai 2018 (Zuletzt aktualisiert am 15. Sept. 2015).

Lexikon der Nachhaltigkeit. (2015d). *Effizienz.* https://www.nachhaltigkeit.info/artikel/effizienz_1719.htm. Zugegriffen: 10. Mai 2018 (Zuletzt aktualisiert am 19. Okt. 2015).

Lexikon der Nachhaltigkeit. (2015e). *Global Reporting Initiative.* https://www.nachhaltigkeit.info/artikel/gri_global_reporting_initiative_960.htm. Zugegriffen: 09. Apr. 2018.

Lexikon der Nachhaltigkeit. (2015f). *Greenwashing.* https://www.nachhaltigkeit.info/artikel/greenwashing_1710.htm. Zugegriffen: 3. Apr. 2018.

Lexikon der Nachhaltigkeit. (2016). *Corporate Social Responsibility.* https://www.nachhaltigkeit.info/artikel/corporate_social_responsibility_unternehmerische_1499.htm. Zugegriffen: 3. Apr. 2018.

Meadows, et al. (1972). *Die Grenzen des Wachstums. Bericht des Club of Rome zur Lage der Menschheit.* Stuttgart: Deutsche Verlags-Anstalt.

Ministerium für Umwelt, Klima und Energiewirtschaft Baden-Württemberg. (2007). *Nachhaltig handeln. Baden-Württemberg.* http://www.nachhaltigkeitsstrategie.de. Zugegriffen: 22. Febr. 2018.

Nussbaum, M. C. (2013). Jenseits des Gesellschaftsvertrags. Fähigkeiten und globale Gerechtigkeit. In C. Broszies & H. Hahn (Hrsg.), *Globale Gerechtigkeit. Schlüsseltexte zur Debatte zwischen Partikularismus und Kosmopolitismus* (2. Aufl., S. 209–241). Berlin: Suhrkamp.

Oberhuber, N. (2016). Gutes Teilen, schlechtes Teilen. In Zeit online. http://www.zeit.de/wirtschaft/2016-07/sharing-economy-teilen-tauschen-airbnb-uber-trend/komplettansicht?print. Zugegriffen: 22. März 2018.

Paech, N. (2014). Suffizienz und Subsistenz: Therapievorschläge zur Überwindung der Wachstumsdiktatur. In Konzeptwerk Neue Ökonomie (Hrsg.), Zeitwohlstand. Wie wir anders arbeiten, nachhaltig wirtschaften und besser leben. München: oekom.

Paech, N. (2018). Grundzüge einer Postwachstumsökonomie. http://www.postwachstumsoekonomie.de/material/grundzuege/. Zugegriffen: 9. März 2018.

Poulsen, I. (2012). Annäherung an das Thema: Stress als Volkskrankheit? In Stress und Belastung bei Fachkräften der Jugendhilfe. Wiesbaden: VS Verlag für Sozialwissenschaften & Springer Fachmedien Wiesbaden.

Pufé, I. (2012). Nachhaltigkeit. Konstanz: UVK Verlagsgesellschaft.

Rawls, J. (1975). Eine Theorie der Gerechtigkeit. Frankfurt a. M.: Suhrkamp Taschenbuch.

Stengel, O. (2011). Suffizienz. Die Konsumgesellschaft in der ökologischen Krise Bd. 1. München: oekom (Hrsg.: Wuppertal Institut für Klima, Umwelt, Energie).

Transfair, E. V. (2017). Fairtrade Deutschland. https://www.fairtrade-deutschland.de/was-ist-fairtrade.html. Zugegriffen: 19. Nov. 2017.

Tremmel, J. (2003). Generationengerechtigkeit – Versuch einer Definition. In J. Tremmel (Hrsg.), Handbuch Generationengerechtigkeit. München: Oekom-Verl., Ges. für Ökologische Kommunikation.

UNECD. (1992). Agenda 21. Konferenz der Vereinten Nationen für Umwelt und Entwicklung, Rio de Janeiro, Juni 1992, 361 Seiten. http://www.un.org/depts/german/conf/agenda21/agenda_21.pdf. Zugegriffen: 14. Mai 2018.

United Nations. (1987). Our Common Future. Report of the World Commission on Environment and Development. http://www.un-documents.net/our-common-future.pdf. Zugegriffen: 8. Mai. 2018.

United Nations. (2015). Transforming our world: The 2030 Agenda for Sustainable Development. A/RES/70/1. https://sustainabledevelopment.un.org/content/documents/21252030%20Agenda%20for%20Sustainable%20Development%20web.pdf. Zugegriffen: 22. Febr. 2018.

United Nations. (2016). Sustainable development knowledge platform. Online über: https://sustainabledevelopment.un.org. Zugegriffen: 8. Mai 2018.

United Nations. (2018). Sustainable Development Knowledge Platform. https://sustainabledevelopment.un.org/post2015/transformingourworld. Zugegriffen: 22. Febr. 2018.

Utopia. (2017). Tauschen statt kaufen: die wichtigsten Tauschbörsen online. https://utopia.de/ratgeber/online-tauschboersen/. Zugegriffen: 22. März 2018.

Veith, W. (2004). Gerechtigkeit. In M. Heimbach-Steins (Hrsg.), Christliche Sozialethik. Ein Lehrbuch. Bd. 1 Grundlagen (S. 315–326). Regensburg: Friedrich Pustet.

Verbraucher Initiative e. V. (2017). Label-online. https://label-online.de. Zugegriffen: 15. Mai 2018.

Vogt, M. (2009). Prinzip Nachhaltigkeit. Ein Entwurf aus theologisch-ethischer Perspektive. München: Oekom-Verl., Ges. für Ökologische Kommunikation.

Wuppertal Institut für Klima, Umwelt, Energie (Hrgs.). (2017). Wie Suffizienzpolitiken gelingen. Eine Handreichung. Wuppertal Spezial Nr. 52. https://nbn-resolving.org/urn:nbn:de:bsz:wup4-opus-66118. Zugegriffen: 7. März 2018.

Wuppertal Institut für Klima, Umwelt, Energie. (2008). *Zukunftsfähiges Deutschland in einer globalisierten Welt. Ein Anstoß zur gesellschaftlichen Debatte* (Hrsg.), Bund für Umwelt und Naturschutz Deutschland, Brot für die Welt, Evangelischer Entwicklungsdienst. Frankfurt a. M.: Fischer Taschenbuch.

Zeit Online. (2013). UN-Bericht. Dänen sind die glücklichsten Menschen der Welt. http://www.zeit.de/gesellschaft/zeitgeschehen/2013-09/un-bericht-daenemark-glueck. Zugegriffen: 10. Mai 2018.

Mehr Nachhaltigkeit offline, online und im Kino

offline

Grober, U. (2013). *Die Entdeckung der Nachhaltigkeit. Kulturgeschichte eines Begriffs.* München: Antje Kunstmann.

Grunwald, A., & Kopfmüller, J. (2012). *Nachhaltigkeit* (2. Aufl.). Frankfurt: Campus.

Hauff, M. von, & Kleine, A. (2009). *Nachhaltige Entwicklung.Grundlagen und Umsetzung.* München: Oldenbourg.

Michelsen, G., Siebert, H., & Lilje, J. (2011). *Nachhaltigkeit lernen. Ein Lesebuch.* Bad Homburg: VAS.

Pufé, I. (2017). *Nachhaltigkeit* (3. Aufl.). Konstanz: UVK Verlagsgesellschaft.

online

Bund für Umwelt und Naturschutz Deutschland (BUND). www.bund.net.

Ideenportal für ein einfaches und nachhaltiges Leben. https://www.smarticular.net.

Initiative gegen geplante Obsoleszenz: Murks? Nein Danke! http://www.murks-nein-danke.de/blog.

Internet-Portal „Bildung für nachhaltige Entwicklung". www.bne-portal.de.

Nachschlagewerk: Lexikon der Nachhaltigkeit. https://www.nachhaltigkeit.info.

Naturschutzbund Deutschland (NABU). https://www.nabu.de.

Netzwerk Wachstumswende http://www.wachstumswende.org

Ökologischen Fußabdruck berechnen und mehr: Global Footprint Network. https://www.footprintnetwork.org.

Postwachstumsökonomie. http://www.postwachstumsoekonomie.de.

Rat für Nachhaltige Entwicklung der Bundesregierung. www.nachhaltigkeitsrat.de.

Ratgeber für nachhaltigen Konsum. https://www.nachhaltiger-warenkorb.de.

Repair Café vor Ort finden und reparieren statt wegwerfen. https://repaircafe.org/de.

Sustainable Development Goals (SDGs) der Vereinten Nationen. https://sustainabledevelopment.un.org.

Umweltbundesamt. www.umweltbundesamt.de.

Vergleich deutscher Ökostromanbieter. https://www.oekostrom-anbieter.info.

Film-Tipps

Cosima, D. (2010). Kaufen für die Müllhalde. https://www.youtube.com/watch?v=ypEO-DEfkJxI.

Erwin, W. (2005). We feed the world. http://www.we-feed-the-world.at/index.htm.

Erwin, W. (2008). Let's make money. http://www.letsmakemoney.at/.

Erwin, W. (2013). Alphabet. http://www.alphabet-film.com/.

Mélanie, L., & Cyril, D. (2015). Tomorrow – Die Welt ist voller Lösungen. https://www.demain-lefilm.com/en/film.

Valentin, T. (2011). Taste the waste. http://tastethewaste.com/info/film/.

Valentin, T. (2015). 10 Milliarden – Wie werden wir alle satt? http://10milliarden-derfilm.de/index.html.

Youtube-Kanäle

Der ökologische Fußabdruck. https://www.youtube.com/watch?v=2Y687NraVh4.

Die Überfischung der Meere. https://www.youtube.com/watch?v=PD00Z6Yqxy0.

Nachhaltigkeitsrat. https://www.youtube.com/user/Nachhaltigkeitsrat.

United Nations Development Programme (UNDP). https://www.youtube.com/channel/UCagCOAfZBpsTOlAJq_vcWbw.

WissensWerte Erklärfilme. https://www.youtube.com/user/epolitikwissenswerte/featured.

Printed by Printforce, the Netherlands